中国建设教育协会 中国房地产业协会 房教中国
组织编写

全国大学生雇主品牌房企优秀案例

NATIONAL COLLEGE STUDENTS EMPLOYER BRAND REAL ESTATE ENTERPRISES EXCELLENT CASES

2019

王凤君 胡安东 主 审
周国军 何 涛 主 编
张 艳 程 健 副主编

中国发展出版社
CHINA DEVELOPMENT PRESS

图书在版编目（CIP）数据

全国大学生雇主品牌房企优秀案例. 2019 / 周国军，何涛主编. —北京：中国发展出版社，2020. 9

ISBN 978-7-5177-1136-0

Ⅰ. ①全… Ⅱ. ①周… ②何… Ⅲ. ①房地产企业—企业管理—人事管理—案例—中国—2019 Ⅳ. ①F299.233.41

中国版本图书馆CIP数据核字（2020）第182982号

书　　名：全国大学生雇主品牌房企优秀案例. 2019
主　　编：周国军　何　涛
出版发行：中国发展出版社
联系地址：北京经济技术开发区荣华中路22号亦城财富中心1号楼8层（100176）
标准书号：ISBN 978-7-5177-1136-0
经 销 者：各地新华书店
印 刷 者：北京市密东印刷有限公司
开　　本：787mm×1092mm　1/16
印　　张：13
字　　数：208千字
版　　次：2020年11月第1版
印　　次：2020年11月第1次印刷
定　　价：48.00元

联系电话：（010）68990642　68990692
购书热线：（010）68990682　68990686
网络订购：http：//zgfzcbs.tmall.com
网购电话：（010）68990639　88333349
本社网址：http：//www.develpress.com
电子邮件：271799043@qq.com

本书编委会

FOREWORD 序言

我们需要什么样的优秀大学毕业生

当前，经济内循环给房地产行业带来深刻影响。随着房地产产业链、供应链、技术链、服务链的一定调整，房地产用人之道也随之变化，房地产不再是设计、施工、拿地、融资、营销的简单劳动，而是绿色、健康、科技、大数据、区块链、场景技术、现代住宅服务业的智力连接。

在用人之道骤变之际，中国房地产业协会、中国建设教育协会围绕高校教学的要求与学生求职的需求，听取了专家和业内人士的意见，在 2019 年度“全国大学生雇主品牌房企优秀案例”评定基础上，选取了中海集团、龙湖集团、旭辉集团、新城控股、新力地产、华夏幸福基业、荣盛发展集团、易居企业集团 8 家企业的用人实践，从不同角度编辑了这本《全国大学生雇主品牌房企优秀案例》，以使房地产开发与管理专业高校老师了解如何建立房地产新的学科和进行相关文化建设，同时让相关专业的大学生了解如何在新的房地产组织中生存发展，从而在走出校园之前就能适应环境。

我们为什么要用案例方式总结提炼房地产用人之道？这是因为，在房地产深刻转型期，只有在学习、工作、研究、履职中融入典型的、鲜活的案例，对房地产从业人员特别是新人，给予比较大的帮助，并传导有针对性、说服力的启迪。这样的案例与我们想象中的格式化、标准化教育完全不同，也是我们较难在校园获得的实用知识。

有了这本案例作为我们实战的指导，就向我们提出了一个更现实的问题：房地产行业究竟需要什么样的优秀大学毕业生？借本书出版之机，我提几点不成熟的看法，供从业人员参考，也供读者品评。

——把握一个方向

什么是房地产 HR 的方向？就是产教融合的方向。党的十九大提出："要完善职业教育和培训体系，深化产教融合、校企合作，加快一流大学和一流学科建设，实现高等教育内涵式发展。"我理解的"内涵式发展"，就是通过产教融合和校企合作，丰富学科建设，联动产学研用，将培养学生的数量转向培养学生的质量，让学生"知行合一、学以致用"。

——满足两个需要

一是满足行业需要，二是满足市场需要。当前大学生就业形势很严峻，用人市场也存在很多不确定性。从房地产行业看，一方面都在过"紧日子"，进行必要的减员增效，队伍缩小了；另一方面，一些复合型人才非常抢手，如新冠肺炎带来的疫情防控，让一些房地产企业非常重视健康住宅的设计研发。这"一冷一热"表明，不论一个行业多么冷，只要你为市场 / 行业所需，即使企业缩衣节食也要用你。

——实现三个融合

在这本案例中，读者们可以看到，选人用人做得比较好的企业，都是将理论与实践结合得比较好。只有将"课堂搬到现场"，将"课程融入项目"，将"课题用于实践"，才有可能使企业更靠近市场和消费者。

——适应四个变化

无论是替企业选人的 HR，还是应聘的大学生，都有必要适应四个变化：一是房地产高质量发展带来的变化。高质量发展不是被动选择，而是主动应战。高质量发展将倒逼房地产行业提高产品质量，提高科技含量，提高工艺水平。这"三个提高"

既是从业人员创新的源泉，也是大学生走向就业市场和未来的“敲门砖”。二是房地产多样化、精细化带来的变化。本质上说，我们现在倡导的美好居住生活是发展的，它的内涵也是丰富的。一个住宅项目既允许有个性化展现，也要有差异化、包容性存在，这同样是对知识面和个人能力的考核。三是房地产跨界融合带来的变化。现在做房地产，不仅仅是简单的居住空间，而是生活空间。互联网、智能、大健康元素都必须体现。四是房地产业态发展带来的变化。我们已逐步改变了单纯依靠房地产的“老三样”，即住宅、商业地产、写字楼，进入了房地产的“新三样”，即健康住宅、绿色建筑、数字地产。一个好的 HR，必须将这些应变的人才纳入麾下。

——掌握五项技能

在这本案例中，我们发现企业在用人中更希望将五类人才揽入自己的怀抱。第一是理解能力强的人。要理解项目所在地的城市层级、人口分布、地段特征、产业结构等，如原住民有哪些表达，外来新移民有哪些诉求。第二是表达能力强的人。表达能力是企业用人的主要方面。一个好的项目汇报，如通过 PPT 播放只能呈现静态的东西，但通过流畅和具有感染力的表达，就能产生更好的效果。第三是沟通能力强的人。我们所从事的事业是为人的居住服务，不仅仅是向上级汇报，同样也在向社会展现美好的一面。第四是综合能力强的人。要把规划、土地、金融、财务、人力及成本概念、营销手段、后期服务等放在一起考虑，提高统筹协调能力，真正做出用户需要的项目。第五是案例能力强的人。我参加过一个养老论坛。同样一个项目，一家养老地产的企业用语言描述养老理念、市场规模，洋洋洒洒几万字；另一家企业却用案例说明患认知症的老人通过康复后的不同效果，虽没讲那么多大道理，但显然更能打动人。

因此，总结一些好案例，编入高校、企业的房地产教学、培训课程，通过案例教学，增强学生对房地产发展历程、发展阶段、发展专业、发展水平的认知，就是我们出版本书的初衷，也是房地产行业选拔人才的途径和通道。

胡安东

中国房地产业协会名誉副会长（驻会）、副秘书长

CONTENTS 目 录

CHAPTER 1

中海地产：行业英才创造者

CHAPTER 2

龙湖集团：善待人才，名将如潮

CHAPTER 3

旭辉集团：地产战略家，人才先行者

CHAPTER 4

新城控股：员工是最宝贵的资产

CHAPTER 5

新力地产：组织高成长 人才高成长

CHAPTER 6

华夏幸福：产业新城领域人才高地

CHAPTER 7
荣盛发展：冀系房企人才培养典范

CHAPTER 8

易居集团：地产营销人才的“黄埔军校”

中海地产
行业英才创造者

1

CHAPTER

主编推荐语

中海地产作为房地产行业领先的龙头央企，致力于成为卓越的国际化不动产开发运营集团，坚持做“四好”公司，即“好产品、好服务、好效益、好公民”。中海地产以“一流的事业需要一流的人才，一流的人才打造一流的事业”的人力资源理念为出发点，创立并经营“海之子”“海之星”“海纳”三大人力资源品牌，选聘高校优才与社会精英，构建体系化的人才培养机制，为企业持续发展提供人才保障，也为行业创造了一批卓越的职业经理人。

企业概况①

QIYEGAIKUANG

中国海外发展有限公司（下称“中海地产”）隶属中国海外集团有限公司（下称“中国海外”），1979 年创立于我国香港，1992 年在香港联交所上市（股票代码 00688.HK），2007 年入选恒生指数成分股。中海地产拥有 40 年房地产开发与不动产运营管理经验，业务遍布我国港澳和内地 70 余个城市，以及美国、英国、澳大利亚、新加坡等多个国家和地区。2018 年，总资产达 7253 亿元港币，净资产达 2936 亿元港币。2019 年上半年，实现销售合约额 1942 亿元港币，同比增长 28.7%，净利润 249 亿元港币，盈利能力保持行业领先，经营业绩呈现又好又快的增长态势。

三大国际评级机构给予中海地产的信用评级分别是穆迪 Baa1、标准普尔 BBB+、惠誉 A-，信用评级保持行业领先；连续 16 年获中国蓝筹地产企业和中国房

① 本书文中企业数据均来自相关企业官网、年报及人力资源相关资料，文中图片均由相关企业提供。下文不再分别标注。

地产行业领导品牌；连续 8 年获恒生可持续发展企业指数成分股；2019 年，中海地产品牌价值达 910 亿元人民币，稳居房地产行业第一。

中海地产定位于成为卓越的国际化不动产开发运营集团，坚持做“四好”公司，即“好产品、好服务、好效益、好公民”；坚持“悦享空间，智慧物联，绿色科技，健康生活 +”的产品设计理念；坚持“过程精品，楼楼精品”的开发理念；坚持“客户至上，行稳致远”的客户服务理念；创立并经营“海之子”“海之星”“海纳”三大人力资源品牌，选聘高校优才与社会精英，构建体系化的人才培养机制，为企业持续发展提供人才保障。

目前，中国海外拥有五家上市公司：中国海外发展有限公司（股票代码 00688.HK）、中国建筑国际集团有限公司（股票代码 03311.HK）、中海物业集团有限公司（股票代码 02669.HK）、中国海外宏洋集团有限公司（股票代码 00081.HK）、中国建筑兴业集团有限公司（股票代码 00830.HK），市值合计超过 3500 亿港元，经营规模达到世界 500 强第 412 名的水平，发扬光大了“中海地产”“中国建筑”“中海物业”等知名品牌。

（一）企业历程

1. 源于香港，初步发展（1979 ~ 1991 年）

1979 年，中海地产以 100 万港元在我国香港艰苦创业；1984 年，积极慎重地涉足香港房地产业。

2. 红筹上市，发展跨越（1992 ~ 1997 年）

1992 年，中海地产在香港联交所上市，获得了充足资金，公司业务实现跨越式发展。

3. 调整前行，转战内地（1998 ~ 2001 年）

中海地产顺应中国内地住宅商品化改革趋势，逐步将地产业务重心向内地转移。

4. 全国布局，精耕细作（2002 年至今）

中海地产进入高速发展阶段，实现了向全国性地产商的转型，并逐步成长为中国房地产行业领军企业之一。

（二）主营业务

历经40年的发展，中海地产建立起“住宅开发”“城市运营”“创意设计及现代服务”三大产业群。

1. 住宅开发产业群

中海地产于20世纪80年代初在我国香港进军住宅开发业务，并成为我国内地房地产行业的开拓者、引领者。40年来，公司研发推出五代住宅精品，在我国内地、港澳，以及纽约、悉尼、新加坡等地累计开发项目600余个，完成开发建造面积超过1.5亿平方米。

中海地产旗下项目累计荣获“詹天佑奖优秀住宅小区奖”58项（金奖35项、单项奖23项），中国建筑工程“鲁班奖”7项，国际地产奖（International Property Awards）18项。

为顺应装配式建筑及住宅产业化的发展趋势，中海地产积极推进装配式住宅建造及住宅产业化实践，联合“国家住宅产业化基地”“国家高新技术企业”中海海龙，在我国港澳、内地合作开发建设了逾百万平方米的装配式住宅项目。中海地产积极布局房地产上游产业链建材门的生产制造，旗下拥有天山门业，主营“门博士”系列高级防火门、入户门，在铸铝门生产制造领域拥有35项设计专利，确立了行业竞争优势。

2. 城市运营产业群

中海地产构建了业态多元、产业多样的城市运营产业群，涵盖写字楼、购物中心、星级酒店、地铁上盖、城市更新、旅游度假、物流等产业。

作为国内最大的单一业权写字楼发展与运营商，中海地产拥有42栋甲级写字楼，运营总建筑面积409万平方米；在伦敦金融城，持有并运营4座百年标杆性商厦；创立Officezip联合办公品牌，进驻北京、上海等6个城市，共享办公运营面积超过3万平方米。

中海地产在北京、上海、济南、成都、珠海等地投资运营环宇城、环宇荟、环宇坊、富华里等13家综合性购物中心。中海地产旗下拥有12家星级酒店，分布于北京、深圳、珠海、海南、澳门等地；在海南万宁、江西九江、安徽黄山等风景名胜区投资发展旅

宁波·九唐Ⅲ

佛山·中海万锦公馆

上海·九峯里

沈阳·中海国际中心

北京·中海广场

上海·中海国际中心

游休闲度假产业。

中海地产致力于城市更新与区域综合开发，构建起投融资、土地整理、区域规划、地产开发、工程建设、产业导入、商业运营、物业管理等全业务链。在北京石景山区投资建设长安街西沿线规模最大的棚改项目——北辛安项目；在济南投资开发山东省最大的棚改项目——华山珑城；2017 年 11 月，中标成都市天府新区超高层项目，打造成都新地标；2018 年 10 月，获得上海市中心城区最大规模的“城中村”改造项目——红旗村项目。

中海地产在香港、北京、上海、广州、深圳、天津等地开发建设数十个地铁上盖物业；建立长租公寓产品体系，设立海堂、友里两个品牌；在天津滨海新区运营管理规模超过 50 万平方米的仓储物流基地，以“一带一路”建设为契机，进军物流产业，构筑辐射全国的物流服务网络。

3. 创意设计及现代服务产业群

中海地产旗下的华艺设计，是国家级高新技术企业，持有“建筑工程”和“城乡规划”双甲级资质，为中国百强设计院之一，累计完成 3300 多项建筑及城市规划设计，荣获国家级、省市级优秀设计奖 470 次。

1986 年创立的中海物业，作为中国物业管理行业的开拓者，是中国首批一级资质物业管理企业，物业管理面积达 1.42 亿平方米，拥有员工 3.7 万人，是香港地区最大的公共设施物业管理提供商，为西九龙高铁站、启德游轮码头、深圳湾口岸等提供物业管理服务。

此外，中海地产积极投身教育事业，以“教育无限可能”为核心教育理念，创立中海教育品牌，目前于深圳、东莞、青岛、济南、佛山、大连等城市持有并运营 2 所 K12 学校、4 所高品质幼儿园、4 所中海学堂，以及羽毛球营地、高尔夫营地、海南中海 PEPA 探索学院等营地项目。

中海地产创立中海锦年健康养老品牌，以“共度锦绣年华”为服务理念，目前持有并运营天津、青岛 2 所中海福居长者公寓。

中海地产聚焦城市文化功能配套建设，负责运营深圳市当代艺术与城市规划馆，以美好文化驱动城市发展。

（三）企业文化

1. 企业愿景

成为卓越的国际化不动产开发运营集团。

国际化是市场拓展的必然选择，也是中海地产能力进阶的必然之举。目前，中海地产的全球拓展已经起步，将逐步成为卓越的国际化不动产开发运营集团。

2. 企业使命

拓展幸福空间，创造无限价值。

所有的业务都是围绕空间展开，中海地产以百年基业为追求：关注客户需求，超越客户需求，为客户提供系统化解决方案；不断拓展空间的高度与广度，将建筑与艺术完美融合，为人们带来更佳的幸福体验；与员工一道共享成果，共筑未来；为投资者提供持续价值回报，让中海地产成为股东最青睐的投资对象，是中海地产应尽的义务。

3. 核心价值观

正道笃行，创新致远。

中海地产作为一家行业领先企业，赚取阳光下的利润；中海人行端守正、令行禁止、严谨求真、诚信务实。创新是中海地产实现企业战略目标的必由之路，中海地产以持续的创新，成就百年基业的远大目标；创新是每一个中海人在事业上有所成就的必由之路，中海人以持续的创新成就个人价值。

4. 品牌定位

精品、生活、创造。

5. 品牌口号

诚信卓越，精品永恒。

（四）企业荣誉

1. 权威排名

中海地产母公司中国建筑位居2019年《财富》世界500强第21位。2006 ~ 2019年连续14年进入世界500强。

2004 ~ 2019年，连续16年获中国房地产行业领导品牌。

2004 ~ 2019年，连续16年获“中国蓝筹地产”（榜首企业）称号。

2011 ~ 2019年，连续9年获中国房地产企业品牌价值第一名。

2019年中国房地产上市企业30强TOP5、品牌价值卓越榜TOP5、卓越100榜TOP10。

2019年中国内地在香港上市房地产公司财务稳健性TOP10第一名、财富创造能力TOP10第一名。

2019年中国房地产百强企业榜单：综合实力TOP10、规模性TOP10、稳健性TOP10第一名、盈利性TOP10第一名。

2018年中国房地产行业人均营收第一名、人均毛利润第一名、人均产能前三名。

2. 国际投资

首家以香港本地业务直接上市的中资企业。

中国首家成功取得“国际投资级”评级的房地产公司。

同时获3家国际权威评级：穆迪Baa1、标准普尔BBB+、惠誉A-。

香港恒生指数43只成分股之一。

唯一代表中国概念的地产龙头股。

首家在国际金融市场发行债券的房地产公司。

3. 人力资源奖项

获中国人力资源管理大奖（“十佳企业”、“海之子”成果金奖）。

2008 ~ 2019 年，获“中国最佳雇主”“中国人力资源管理典范企业”称号。

获“中国房地产最佳雇主企业”“中国房地产优质人才培养企业”“中国房地产优质福利企业”“中国房地产最佳人力资源团队”称号。

中海地产历年所获代表性荣誉

校招概况
XIAOZHAOGAIKUANG

（一）校招项目

在中海地产 40 年发展历程中，一共经历了三次人才红利。

第一次人才红利是中海地产成立到现在，中建总公司、各工程局源源不断地把优秀人才输入中海地产。

第二次人才红利是随着中海地产在香港业务的不断发展，确立了“属地化”的管理目标，不断把香港本地员工的活力和“主人翁”精神激发出来。

第三次人才红利是 2000 年以后实施“海之子”“海之星”和“海纳”计划，把优秀的毕业生和社会成熟人才引进中海地产。

中海地产的校招品牌也经历了由任务导向、精品导向、品牌导向、战略导向到精英导向的演变过程，精细化品牌操作进一步提升了进入端人才素质，品牌价值也不断升级。

1.“海之子”计划

“海之子”是中海地产校招子品牌，是中海地产整体“雇主品牌”的重要组成部分。

“海之子”计划立足于精英化、国际化，通过系统化的培养，立志于把“海之子”打造成为“行业英才”，主要为广大应届生提供地产开发及商业管理类岗位。

中海地产“海之子”招募计划宣传会

2019 年，中海地产“海之子招募计划”在全国一共设置了 13 个面试站点，累计收集简历近 6 万份，其中 6144 人进入初试一分钟演讲评估展示，最终录用约 350 人，岗位分布在全国 64 个城市。

从“海之子”录用结果看，简历通过率 14%，初试到录用通过率 5.7%，简历到录用通过率仅 0.8%，“海之子”计划非常严格。

2.“海之星”计划

“海之星”是中海地产校招子品牌，与“海之子”双擎驱动，差异化开展校园招聘，满足不同业务及岗位对应届生的需求。

“海之星”计划旨在为中海地产三大产业的发展提供不竭的人才资源，为广大应届生提供销售、商业配套、教育、养老等岗位。

“海之星”计划立足本地化，优先从本地高校吸纳优秀人才，培养本地化的精英人才，立志于把“海之星”打造成为“行业新星”。

“海之子”计划和“海之星”计划外在表现为一种符号形象和记忆式联想，是对公司从高校招募和选拔出的优秀毕业生的标识名称和符号描述；而中海地产伞状校园招聘品牌，实际上是为毕业生定制的独具个性化的人力资源举措，是对人才新鲜血液鉴定、输入、优化、诊断体检和提取标本的全过程品牌创建和链条维新行动。

“海之子”计划和“海之星”计划可以从以下三个层面获得诠释。

第一，从企业长远战略讲，“海之子”计划和“海之星”计划将助力中海地产实现人才梯队的长期储备积累和持续吸纳更新，进而促使人力资源趋于满足企业长远目标实现的前瞻性要求，因此是一种期望的寄托。

“海之子”
品牌 LOGO

“海之子”
品牌 IP

“海之星”
品牌 LOGO

“海之星”
品牌 IP

第二，从人力资源管理策略讲，通过“海之子”“海之星”的系统经营，塑造中海地产人力资源管理的核心竞争力，促进人力资源管理理念的链条触动式更新，因此是一种价值的传递。

第三，从外部社会责任讲，中海地产通过连续、系统、规模地吸纳毕业生，长期负责任地培育使用，在高校形成了极具影响力的成熟雇主形象，因此是一种责任的凝聚。

（二）招聘亮点

1. 以“中海领导力感染路线”实现品牌的情感联结

将品牌与客户建立联结，必须建立起直观且具特色的传播渠道。

为了有效传播校园招聘品牌，中海地产搭建起“中海领导力感染路线”，有倾向性地把握和引导毕业生心理。

在校园招聘各环节中，通过精心塑造每个核心方面的领导力，营造最具影响力的雇主形象，进而在高校快速建立对“中海地产”品牌的认知，并标准化地复制到各大区域城市。

“中海领导力感染路线”包括内容、形式和竞争性感染三个方面。

在内容方面，突出表达房地产行业的魅力、中海文化的独特性、最近入职员工的共性心路等。

在形式方面，系统地设计了校园招聘的传播渠道、企业形象识别（Corporate Identity）、语言、流程细节和布景设计。

在竞争性感染方面，主要通过具有特色的工具，差异化地引导应聘候选人的心理，并通过客户化的管理手段，持续建立应聘者的倾向性就业选择。

2. 通过应聘者关系管理进行品牌维系

在高校塑造人力资源管理品牌的同时，对品牌的维护也是不可忽视的环节，某个细节失误就能引发系统性客户危机的风险。

中海地产在校园招聘中，注重以客户关系管理、品牌维护和品牌生命力研究等方式巩固公司的招募品牌形象。

客户关系管理主要体现在以下六个方面：

（1）诚信地向学生传递企业信息；

（2）公开任职资格的选拔标准，让每位学生都享有平等竞争机会；

（3）通过高效的招聘流程，让期待加入中海地产的学生能较快地得到答复，减少未被录用学生的机会成本；

（4）保证进入中海地产的学生都是优秀且适合中海地产的人选；

（5）尽量用中海文化感染学生，使参加中海地产招聘的经历让他们骄傲和难忘；

（6）用服务每一个应聘者的理念来运作整个招聘过程。

在人力资源管理领域，创新产品研发只是前奏，而采取科学的管理、检测和维护手段才能保证品牌的深化和持续作用。

中海地产不仅领先行业将校招品牌申请注册为商标，同时在招募现场和入职培训期间，都会对“品牌”进行深度测试，并持续研发新的工具以保持“海之子”旺盛的生命力。

3. 以规范化的组织流程保证品牌实现

（1）获取组织战略性支持和内外部资源保障。

校园招聘是企业的一种战略选择，获得组织自上而下的高度认同和组织内外部资源的保障，是成功实施校园招聘的前瞻性举措。校园招聘对象是企业未来的战略储备性人才，需要投入巨大的精力和费用。

因此，企业在进行校园招聘之前需要首先弄清以下几个问题：现阶段是否需要并适合储备人才；是否有适宜的环境孕育人才并长期培养；是否有足够的资源支持内部培养。

在内部资源方面，中海地产校园招聘得到了公司高层的认可及重视，在人力及物力资源两方面均得到了有力保障。

在外部资源方面，中海地产也得到了专业的全国性招聘网站、高校官方组织和学生社团等的有力支持。

（2）早做招聘规划并建立素质模型。

经验丰富的企业一般会提前一两个月开始策划和准备校园招聘。

每年7月，中海地产人力资源系统便开始策划和筹备当年的校园招聘工作，梳理并审核公司人力资源规划。

明晰了应该从高校吸纳什么样的人才后，还需要建立科学的人才测评体系。中海地产以任职资格为基础，发展出招聘测评技术，并相应地设计招聘流程和组织内容。例如，从哪些维度评价应聘者，集团内部如何共享入围的人力资源。如果没有适合企业的科学的评估体系，将很难客观公正地评价应聘者，也很难确保企业吸纳到所需要的人才。

（3）严密的组织管理流程。

组织管理是校园招聘的关键一环，需要以项目管理的思维进行把控。

中海地产招募计划实施大区经营，南北两条路线同时进行。集团总部扮演总体策划、组织实施和集中调配的角色，地区公司负责本公司录用和为集团推荐共享人力资源。招募计划所覆盖学校的所在地公司，承担当地组织工作，负责进度、成本和风险控制。

整个招募过程，中海地产都自行运作，这有利于训练人力资源部门的项目管理思维、风险控制和成本控制意识。目前，很多经验都已沉淀为公司的知识管理内容，固化到企业的知识资本中。

中海地产的招聘流程分为网络投递简历、宣讲会、简历评估、演讲评估、评估中心和HR面谈。在评估体系中，中海地产通过“资格”和“素质”两个层面对候选人进行评估。就资格而言，中海地产关注在社会实践、特长等方面有突出优势的毕业生，因为这些业绩有助于证明他们在某一领域的研究深度和发展潜质；而未来他们接触新的地产行业后，其行业适应性也具有可期待性。其中，简历评估环节，中海地产设置了数量控制模型，适度控制晋级面试的候选人。在素质层面，中海地产拥有自身研发的大学生核心素质模型，例如诚信品质、成就导向、学习创新能力、组织协调能力、亲和力等，这些要项在各种评测程序、评估中心中被广泛地应用，并且各项工具都在不断升级和创新。例如：首轮评测并未采取专业知识笔试和纸面素质（倾向）测试的方式，而是由演讲评估和候选人间的相互审视评估等工具组成，以便给予候选人更多展现其深层次素质的机会；评估中心针对“海之子”的素质要项，通过即兴演讲、情景模拟、模型搭建等环节全面评估候选人的综合素质，起到比较分析、快速决策、信息共享、相互补给的作用。

（三）培养计划

在人才培养上，中海地产除了有独特的“12345”管理架构之外，随着人力资源结构的变化，顺应人才成长的规律，协同联动高校平台，打造行业英才“4R”全周期链条，即“Realize－文化感知期”“Research－行业认知期”“Recruit－招募选拔期”以及“Rise－融入成长期”，完成了培养体系的前延后伸，打造了从入学至就业的全周期培养机制。

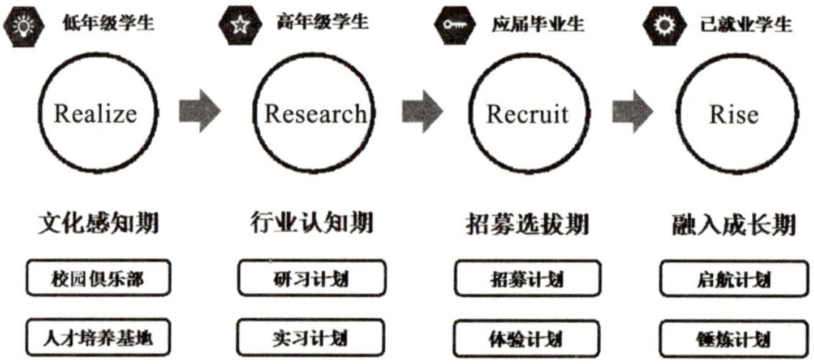

“4R”全周期链条

在整个“4R”全周期链条下，有校园俱乐部、人才培养基地、研习计划、实习计划、招募计划、体验计划、启航计划、锤炼计划八个环节。

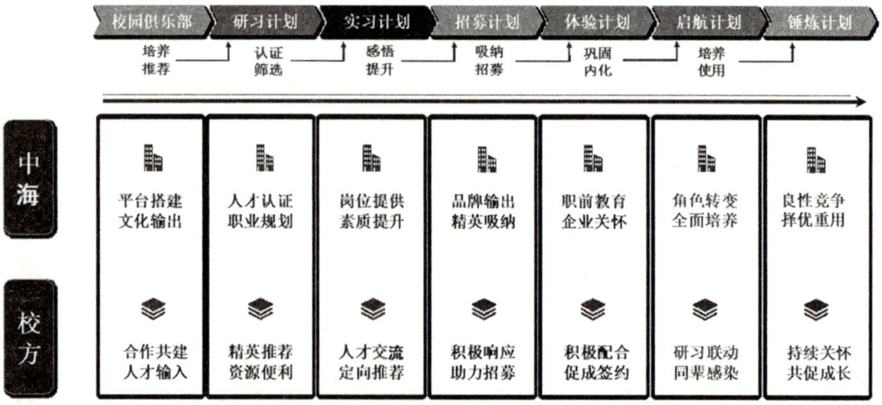

“4R”全周期链条下的各环节

八个环节功能定位清晰，彼此紧密联系，相互支撑，相互依存，已经成为独具特色的校园招聘品牌，超越了单纯的招募行动，演绎出企业针对“大学生”这一特殊群体的人力资源管理价值链条，清晰地呈现出人力资源的螺旋式增值流程，以及人力资源管理的核心竞争优势。

1. Realize- 文化感知期（面向低年级学生）

（1）校园俱乐部。

校园俱乐部是中海地产英才创造链条的前置性动作，也是全周期人才培养体系的创造性举措，旨在为刚入校园的学生提供职业素质锻炼的平台，实现对企业文化的感知和对职业生涯的提前规划。

俱乐部定期邀请公司经理、学校教授、外界专家进行职业发展分享，从专业的视角剖析地产发展前沿；通过模拟面试实训、职业发展互动坊、创意活动的举办，提升学生职业技能，培养职业习惯；通过与研习、实习、招募计划的联动，保障人才黏性，前置性培养甚至吸纳高潜高质人才，实现教学与生产的紧密结合。

中海地产校园俱乐部

（2）人才培养基地。

人才培养基地与校园俱乐部互为补充，是对高校传统教育形式的责任型补位，并通过人才定向培养、生产实践学分制等形式，促进产教融合，建立持续而健全的前置性人才培养机制。

2. Research- 行业认知期（面向高年级学生）

（1）研习计划。

研习计划（职业发展研习营）是行业未来精英式人才培养计划，为面向内地领先高校最优秀候选人的行业素质适应性认证，并与内地领先高校联合实施“行业资格认证”。

研习计划是中海地产对储备人才识别和培养的工具，在行业内独树一帜。面向校园招聘的上游阶段，中海地产充分与高校合作，针对 1 ~ 2 年内即将毕业的综合素质突出的在校大学生，实施精英式人才培养，旨在发现内地地产业未来的精英候选人，通过研究型模式、浸入式体验，引导他们在地产行业中培养职业兴趣，激发他们的领导力潜能。

中海地产职业发展研习营

（2）实习计划。

实习计划是中海地产依据学生成长周期及成长规律制定的。其以导师制、目标管理、产品输出、职业生涯探寻等形式，面向内地领先高校最优秀的候选人实现环境融入、行业导入、专业导入和岗位实践。实习计划是中海地产为地产行业创造、输送人才的重要举措，通过针对性、前置性和系统性的培养，实现学生、高校和企业的多方共赢。

中海地产实习计划

3. Recruit- 招募选拔期（面向应届毕业生）

（1）招募计划。

招募计划是中海地产人才自然梯队建设的重要途径，面向内地综合素质突出的优秀应届毕业生，通过标准化的招募流程和全面的细致考量，帮助学生从宏观、中观、微观视野实现自我认知和自我提升。

中海地产“海之子”招募计划

（2）体验计划。

体验计划由“中国海外奖学金项目”延伸而来，是面向目标候选人的开放式双向互动渠道，也是从校园到职场的重要搭接环节。体验计划通过前置职场教育、客户化人文关怀和团队式活动的组织，填补职前教育的空白。

中海地产“海之子”体验计划

4. Rise- 融入成长期（面向已就业学生）

（1）启航计划。

启航计划是针对新入职（第一年）员工的持续关注、培养和评估行动，旨在通过集中培训、导师培养、圆桌论坛、实战历练等丰富的形式，构建员工职业基础素质、职业习惯，完成中海化、职业化、专业化转变。

中海地产“海之子”启航计划

（2）锤炼计划。

锤炼计划是中海地产面向入职 3 年的员工的再造工程，以加速人才盘点成长和专项技能提升。

在个人贡献期，通过专业深耕、知识输入、管理认知、轮岗历练、业务对标等，提升员工的产品意识、服务意识、效益意识和企业公民意识。

在组织贡献期，通过岗位赋能、专题攻坚、角色培养、总部轮岗等形式，提升员工的大局意识、担当意识和贡献意识，实现行业英才的创造。

中海地产“海之子”锤炼计划

从员工视角来看，企业对员工的职业生涯规划，以及系统的后续培养和使用体系，决定了校园招聘成果的巩固和输出质量。中海地产人力资源规划确定了校园招聘的吸纳规模——每年以两位数的增长率递增，并在融入成长期通过成熟而完善的培养体系，完成了对优质人力资源的持续优化培养，实现对优质人才的提取和使用，并最终完成全过程的价值链管理部署。

（四）薪资福利

在薪资福利方面，中海地产将“让员工与公司一同分享企业的经营成果”作为公司的一贯目标，预见性地满足员工现实和潜在的需求。

首先，中海地产为员工提供了业界具有竞争力的薪酬，并保持在同行业同规模（实力）企业的中等偏上水平。员工薪酬水平主要取决于其所在岗位、绩效和能力，并且公司每年开展薪酬检讨，确保员工特别是骨干员工的全面薪酬竞争力。

中海地产薪酬体系

其次，公司为员工提供社会保险、住房公积金、带薪年假等丰厚的法定福利。

最后，公司为骨干员工提供生日慰问、妇女节慰问、住院慰问、结婚贺仪、生子贺仪、子女升学贺仪、人身意外保险等丰厚的额外福利。

三 总结
ZONGJIE

雇主品牌是长时间的周期性人力资源管理项目，旨在实现企业战略快速发展、人才的职业素质培养和人力资源价值体现，切实解决学生实践与社会认知的需求和高校标准化清单式培养模式的矛盾、高校嵌入式人才培养机制和企业实践型人才培养需求的矛盾、企业综合素质能力需求和学生不充分的职业素质锻炼的矛盾。

中海地产顺应人才成长规律，协同联动高校平台，通过行业英才“4R”全周期链条打造，在文化感知期、行业认知期、招募选拔期开展紧密的校企合作，以更好地吸纳和培养人才，并为人才的持续培养和增值打通渠道。

40 年来，中海地产秉承着“一流的事业需要一流的人才”的价值主张以及“行业英才创造者”的品牌价值主张，以大学生的成长周期为基础，发展出独具特色的人才吸纳、培养和管理链条体系；发展出俱乐部、研习计划、实习计划、招募计划、体验计划、启航计划和锤炼计划的人才体系；清晰地呈现出人力资源的螺旋式增值流程，以及人力资源管理的核心竞争优势，在人才成长的自然规律下演绎着“中海属性”与“校园属性”的交织变换。

中海地产以招聘为起点，以人才培养使用为落脚点，通过“中海领导力感染路线”实现品牌的情感联结，通过应聘者关系管理进行品牌维系，通过规范化的组织流程保证品牌实现，打造了校园招聘品牌的核心竞争力，保持了“海之子”“海之星”等校招品牌旺盛的生命力，实现了雇主品牌的定位、建立、传播和维护。

中海地产校园招聘品牌的建立，是为毕业生定制的独具特色的人力资源举措，也是对人才新鲜血液鉴定、输入、优化、诊断体检和提取标本的全过程品牌创造与链条维新行动，实现了教学与生产的结合以及大学教育的责任型补位，帮助学生更顺利地完成从校园到职场的转变，持续、稳定地培养了一批又一批行业英才。

龙湖集团

善待人才，名将如潮

2

CHAPTER

主编推荐语

龙湖集团创立于重庆，发展于全国，涵盖地产开发、商业运营、长租公寓、智慧服务四大主航道业务，以产品品质和“善待你一生”的理念闻名于行业。在 26 年的发展过程中，龙湖集团建立了一支专业高效的团队，打造了简单直接的企业文化，并凭借良好的管理体系和持续迭代发展的平台，培养出一批有情怀、有理想，并具备企业家精神的职业经理人，成为地产人最向往的公司之一。

企业概况
QIYEGAIKUANG

龙湖集团（00960.HK）于 1993 年创建于重庆，发展于全国，总部在北京，涵盖地产开发、商业运营、长租公寓、智慧服务四大主航道业务，并积极试水养老、产城等创新领域。

据 2019 年中报，2019 年上半年龙湖集团营业额 385.7 亿元，同比增长 42.2%；截至 2019 年 6 月底，市值达到 1755 亿元，销售额超 1000 亿元，稳居行业前十。目前业务遍布全国七大城市群，50 余个城市，全国化布局成果显著。

未来，龙湖集团将秉承“空间即服务（Space as a Service，SaaS）”战略，以客户为视角，以技术为驱动，深度参与城市空间和服务的重构，不断升级空间营造和服务的能力，打造有生命的空间、有温度的服务，持续践行“善待你一生”的理念，为消费者和合作伙伴提供更加多元的服务与发展空间，成为以客户为中心的空间营造服务企业。

（一）企业历程

1993 年，龙湖集团前身重庆佳辰经济文化促进有限公司注册成立。

1997 年，龙湖集团开发首个住宅项目重庆龙湖花园南苑，系全国、重庆“国家小康住宅示范小区”，同期成立物业管理部（后更名为龙湖智慧服务），标志着进入物业服务领域。

2002 年，龙湖集团开发首个商业项目——重庆龙湖北城天街购物中心，标志着进入商业运营领域。

2005 年，龙湖集团正式进入北京，秉承“区域聚焦、多业态”战略启动全国扩张，开发重庆以外首个项目——成都晶蓝半岛，开启全国化布局。

2009 年，龙湖集团于香港联交所主板挂牌上市，发债 14 亿元，并发布“天街”“星悦荟”“家悦荟”三大商业业态品牌。

2015 年，龙湖集团合同销售额突破 500 亿元，发行 80 亿元境内债，创同年期民营房企境内公开发债利率新低。

2017 年，长租公寓成为龙湖集团战略主航道业务，开启全国化布局。

2018 年，龙湖地产正式更名为龙湖集团，“龙湖物业”品牌升级为“龙湖智慧服务”，并发布“空间即服务”战略。

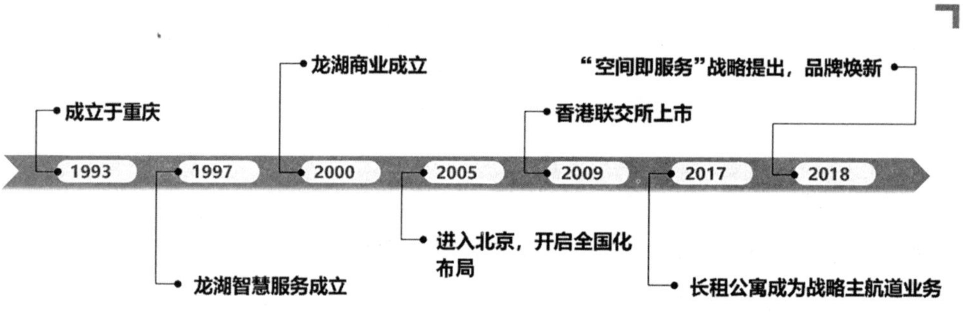

龙湖集团企业历程

（二）主营业务

龙湖集团目前主要有四大主航道业务，分别为地产开发、商业运营、长租公寓以及智慧服务。

1. 地产开发

自 1997 年开发首个住宅项目重庆龙湖花园南苑以来，龙湖集团已累计开发项目 770 余个，开发面积超过 9400 万平方米，累计年合同销售额已经达到 2006.4 亿元，先后有 5 个项目荣获中国房地产综合开发行业最高奖项“广厦奖”，12 个项目荣获中国土木工程最高奖项“詹天佑奖”。

2019 年 1 ~ 6 月，实现合约销售 1056.2 亿元，同比增长 8.8%，达成全年销售目标 48%，稳居行业前十。

2. 商业运营

作为中国最早的购物中心开发商之一，龙湖商业先后发展出“天街”“星悦荟”“家悦荟”三个业态品牌。其中，“天街”是针对中等收入新兴家庭的区域型购物中心品牌；“星悦荟”定位精致百搭的购物中心、品质生活的枢纽；“家悦荟”则是中高端家居生活购物中心品牌。

面对线上与线下融合的大趋势，龙湖商业着眼于做真正的客户体验平台，在空间设计、业态引入、营销推广、客户服务等各个环节持续优化，不断提升客户场景体验丰富度。

截至 2019 年 6 月底，龙湖商业成功布局环渤海、华东、华西、华中、华南五大板块，开业商场达 29 个，开业建筑面积约 296 万平方米，整体出租率 98.0%；合作品牌超过 4000 家，战略合作品牌超过 230 家。

龙湖天街购物中心

2019 年上半年，龙湖商业租金增长 25.7%，至 21.1 亿元；总客流量约为 2.2 亿人次，同比增长 16%，位列 2019 年度中国商业地产 TOP100 第 5 名。

3. 长租公寓

龙湖集团旗下品牌“冠寓”，是面向新世代人群租住生活形态及消费升级需求推出的集中式长租公寓品牌，秉承“我家我自在”的品牌主张，以及 CityHub（城市资源聚落）理念，将“住、商、办公、社交、服务”生态化联动一体，贯通整个城市的生活资源为租住人群所用，为年轻人这一城市的中坚力量创造更加优质的生活体验。

截至 2019 年 6 月底，“冠寓”已在北京、上海、深圳、杭州、南京、重庆、成都等城市开业运营，累计开业房间数量超 6 万间，上半年租金收入同比增长 207%，达到 4.26 亿元；年度新增拓展量及开业量稳居行业前列，累计开业量位列集中式长租公寓运营商第 2 位。

4. 智慧服务

深耕服务 22 年，“满意 + 惊喜”的龙湖式幸福是龙湖智慧服务最深入人心的标签。

借助科技与互联网等技术手段，龙湖智慧服务实现了高效自主运作的科技创新。2018 年，龙湖智慧服务全年服务满意度达 92.97%，连续 10 年保持在 90% 以上，是备受行业肯定的物业管理标杆企业。

龙湖智慧服务提供住宅、商业、办公、学校、养老、长租公寓、交通枢纽、航空后勤以及新型智慧城市等多业态领域的高品质服务，拥有一支超过万人的专业员工队伍。截至 2019 年 6 月底，龙湖智慧服务在重庆、成都、上海、深圳、广州等全国 73 个城市开展专业化的物业服务，共入驻近 1000 个项目，服务业主约 240 万户。

作为中国物业管理协会副会长单位，龙湖智慧服务在 2019 年中国物业服务百强企业综合实力排名中列第 9 位，并荣膺 2019 年中国物业服务百强企业经营绩效第 3 名及科技物业领先企业等殊荣。

（三）企业文化

1. 企业使命：善待你一生（longfor for you forever）

（1）我们要做什么——空间即服务，空间是有生命的空间，服务是有温度的服务。

（2）客户体验什么——龙湖在哪里，舒心跟惊喜就在哪儿。

（3）我们怎么做到——聚集和发展最合适的人才，有效地应用最智能的技术，并成为此领域的先锋，持续创新。

2. 核心价值观：企业家精神、诚实正直、拥抱变化、共生共赢

（1）企业家精神：建立竞争优势；商业趋势洞察；推动执行；营造资源生态。

（2）诚实正直：信守承诺；值得信赖；诚信既要意愿，更要能力；低权力距离；底线思维和原则思维。

（3）拥抱变化：积极的不满、追求卓越、持续发展自我、持续创新。

（4）共生共赢：追求双赢或多赢模式，让利益相关方为目标深度卷入，帮助客户、员工、伙伴成功；团队共同确认目标、分担困难、庆祝胜利。

3. 企业文化十原则

（1）客户至上原则。（2）长期利益原则。（3）共生共赢原则。（4）持续创新原则。（5）开放善变原则。（6）交圈穿透原则。（7）持续提效原则。（8）简单直接原则。（9）管理产品化原则。（10）最小化成本原则。

4. 龙湖提倡 / 反对的员工行为

为了保证组织文化能够有效落地，龙湖提出了 16 条提倡的员工行为与 20 条龙湖反对的员工行为，具体如下。

（1）龙湖提倡的 16 条员工行为。

- 逢会必形成决策（除交流、分享会外），该拍板时有人拍板；若无人拍板，职级最高的人拍板。
- 高效交圈，决策者或负责人在广泛听取大家意见的基础上，独立作出决定。
- 简单直接，不懂就问，有意见就说，敢于质疑，敢于争辩。
- 决策前善思，多问客户，少找领导。

➢ 鼓励“小白”与业务“黑带”同台共谋，“小白”先讲。

➢ 勇于“把自己做没”，获取新机会。

➢ 要结果的同时更要给支持和方法。

➢ 少说“这样做不行”，多说“怎么做才行”。

➢ 内部员工之间，能不叫“总”就不叫“总”（可以直呼其名或其自己愿被称呼的称谓）。

➢ 领导多同理倾听，员工多换位思考。

➢ 合理授权，让指标承担者作决策。

➢ 认可员工的地域灵活性，在回报上向通过地域灵活为公司作出了贡献的员工有所倾斜。

➢ 多给员工点赞，公开表扬，私下批评。

➢ 日常工作便餐时提倡 AA 制（即使有上下级在一起），非工作便餐时级别最高的人付钱。

➢ 员工随时可在内部论坛上自由发言、匿名发言。

➢ 即使司龄再长、经验再多也不随意以“老龙湖”自居。

（2）龙湖反对的 20 条员工行为。

➢ 以“集团要求、领导定了、以前这么干、这是职能底线”为托词不作为。

➢ 顾前不顾后，解决自己问题的同时给别人留坑，未把工作下游当客户。

➢ 一切形式的官僚主义（如划地盘、拉山头、刷存在感、滥用权力、强迫喝酒）。

➢ 总是“一针见血”地指出别人的问题，对自己的问题避而不谈。

➢ 以领导喜好为自己喜好，一味揣摩迎合，不敢提不同意见。

➢ 以跟自己的亲疏远近，而不是能力结果评判他人。

➢ 遇事甩锅，逃避责任，互相推诿。

➢ 事事喊口号，凡事上纲上线贴标签。

➢ 前呼后拥、摆领导架子（如经常让下属定外卖、取快递等）。

➢ 迎来送往、接风洗尘（如地区公司之间、地区公司和集团之间）。

➢ 低效率加班，领导不下班，下属就不敢下班；把不休年假当作操心、敬业的标志；“苦劳”当“功劳”。

➢ 简单粗暴（简单直接不等于简单粗暴）。

➢ 领导一言堂。

➢ 给任何领导设置专职的秘书、助理（龙湖也没有秘书、助理这两个职位名称）。

➢ 领导的办公室大于 20 平方米，而且是楼层里光线最好的位置。

➢ 下级给上级拎包、开车门、扶电梯、点头哈腰、送礼、请吃饭。

➢ 领导每次出现都带个“打下手的”，自己只负责“宏观地说”，别人负责“具体地干”。

➢ 内部开会、聚餐时，按职务高低排座次。

➢ 领导带着一种“恩赐”的心态批准员工休假，或者百般“刁难”。

➢ 老婆在产房，自己还在工作岗位上。

（四）企业荣誉

1. 2019 年荣誉

荣获“2019 福布斯全球上市公司 2000 强”第 345 名（测评机构:《福布斯》）。

荣获“2019 财富中国 500 强”第 77 名（测评机构:《财富》）。

荣获“2019 年 BrandZ 最具价值中国品牌 100 强”（测评机构：BrandZ）。

荣获“2019 年中国房地产开发企业品牌价值 50 强”第 7 名（测评机构：中国房地产业协会、上海易居房地产研究院中国房地产测评中心）。

2. 2018 年荣誉

荣获“2018 福布斯全球上市公司 2000 强”第 494 名（测评机构:《福布斯》）。

荣获“2018 财富中国 500 强”第 110 名（测评机构:《财富》）。

荣获“2018 年中国房地产开发企业综合实力 10 强”（测评机构：中国房地产业协会）。

荣获“2018 年 BrandZ 最具价值中国品牌 100 强”（测评机构：BrandZ）。

荣获“2018 年亚洲最受尊敬公司”（测评机构:《机构投资者》）。

3. 2017 年荣誉

荣获“2017 年中国房地产开发企业综合实力 10 强”（测评机构：中国房地产业

协会）。

荣获“2017 年 BrandZ 最具价值中国品牌 100 强”（测评机构：BrandZ）。

荣获“2017 年中国房地产开发企业品牌价值 10 强”“2017 年中国商业地产企业品牌价值 10 强”（测评机构：中国房地产业协会）。

荣获“2017 年亚洲最佳上市公司 50 强”（测评机构：《福布斯》）。

荣获“2017 中国典范雇主”（测评机构：前程无忧）。

（五）社会责任

除了向客户提供优质的产品和服务，龙湖集团还坚持以优秀企业公民角色自觉承担社会责任，长期致力于住房保障、扶贫救灾、生态环保、公民教育、就业促进、和谐社区等公益事业。截至 2019 年，龙湖集团慈善公益事业投入已累计近 9 亿元。

在市政建设、保障安居方面，龙湖集团累计建设保障性住房超过 15000 套，打造多座一流公共建筑，其中包括 4 所托老所、8 座公园以及 51 所学校。此外，龙湖集团还发起了“绿化长江—重庆行动”，捐资 3000 万元用于长江两岸生态造林活动。

在扶贫救灾方面，龙湖集团积极参与赈灾济困活动，践行企业公民社会责任，于 2007 年捐赠 100 万元帮助重庆洪水受灾群众，2008 年捐赠 600 万元帮助汶川地震受灾群众，2010 年捐赠 300 万元帮助玉树地震受灾群众，2013 年捐赠 500 万元帮助芦山地震受灾群众。

在公民教育、就业促进方面，龙湖集团及创始人吴亚军女士于 2018 年 4 月 18 日通过中国光彩事业基金会发起设立“光彩·龙湖教育扶贫专项基金”，宣布自 2018 年起至 2027 年，共计捐赠 3 亿元。

此外，龙湖集团于 2011 年捐赠 200 万元作为“圆梦行动”的奖学金，资助近 300 名贫困女大学生就学；通过与政府合作提供就业培训，已累计帮助 3 万余人解决了就业问题；通过开办龙湖物业职业培训学校，累计向社会免费输送了 8000 余名专业物业人才。据不完全统计，龙湖集团及创始人在教育领域的公益慈善投入累计已超过 6 亿元。

龙湖集团始终坚信，德行善举是不败的投资。

人力资源体系
RENLIZIYUANTIXI

（一）人力资源数据

1. 团队年轻化

截至 2019 年 6 月 30 日，龙湖集团在职员工 24107 人，男女比例为 6 ： 4，其中地产开发业务 7831 人，商业运营及长租公寓业务 3148 人，智慧服务业务 13128 人。

值得注意的是，龙湖集团员工平均年龄为 31.3 岁，其中，地产开发业务员工的平均年龄为 31 岁，低于房地产行业业务员工的平均年龄（33 岁）①。总体上看，龙湖集团员工整体呈现出年轻化的特征，年轻人成为主力军。

2. 人才高素质

在地产开发板块，本科及以上学历员工占比高达 87.2%，其中，硕士学历占比 21.1%，博士及以上学历占比 0.3%。

从往届仕官生校园招聘结果来看，仕官生硕士学历占比高达 94.9%，基本来自国内知名高校。由此可见，龙湖集团员工学历水平整体偏高，在仕官生校招项目中，高学历优质背景已然成为人才标配。

（二）雇主价值主张

龙湖集团始终如一地关注人才建设，推出“longfor for me forever”，也称“同心同行”的雇主价值主张。

龙湖集团希望，在扁平化组织架构中，员工能与专业高效的团队同道而行，靠谱的伙伴让员工充满职业幸福感。

在简单直接、低权力距离的文化氛围中，员工采取职业化沟通方式，简单做事；在全面的薪酬福利体系下，员工享受各项人文关怀，快乐工作。

① 数据来源：2019年怡安地产行业全面薪酬调研。

在稳健的职业发展平台中，完善的雇主生态链为员工提供丰富的职业机会；持续创新的人才发展战略，帮助员工不断成长。

（三）培训体系

秉承“同心同行”的雇主价值主张，龙湖集团为员工提供优质的企业培训资源，打造了全方位的培训体系。

目前，龙湖集团已形成分专业、分层级的培训体系，独具特色的入职引导人制度，强大的在线学习平台，培训资源极其丰富。

1. 入职引导人制度

入职引导人制度是龙湖集团特有的培养制度，始于2004年。在龙湖集团，每一位入职的新员工都有一位入职引导人帮助他们快速度过适应期。

入职引导人主要有三重角色：①教练：传道授业解惑，引导新员工养成龙湖思维和行为习惯；②伙伴：值得信赖、共同成长的朋友；③榜样：日常身体力行，把优秀员工应有的价值观，言传身教传递给新员工。

2. “龙纹制造”训练营

“龙纹制造”训练营是龙湖集团特有的新员工培训体系。新员工一旦入职，就会进入“龙纹制造”训练营。按照龙湖集团的解读，龙代表整个龙湖，鳞片就像每位员工，只有人尽其才，才能为整体遮风挡雨、保驾护航；员工只有依托强大本体，才能腾云驾雾，大展拳脚。

给新员工刻上“龙纹”，总共分为四步：第一，走进龙湖集团认识龙湖，感受龙湖文化，帮助员工建立自豪感和荣誉感，解决新员工“生存问题”；第二，依靠入职引导人制度，帮助员工“生存得更好”；第三，在新员工对龙湖集团有基本认知和工作体验后，进行较全面的文化和体系培训；第四，组织参观地区成熟、多业态项目，让员工身临其境感受龙湖产品。

3. 线上学习平台

“新龙门e站”是龙湖集团的线上学习平台，覆盖全体龙湖集团员工，集合了所有课程培训资源。在这里，每一位入职的员工都将拥有自己的专属学习主题与路径，帮助其学习各类业务知识要点，系统化提升专业能力。

4. 多层级培训体系

在入职引导人制度、内部讲师团队以及线上学习平台的支撑下，龙湖集团针对不同层级的人才，提供不同的人才培养专项。

龙湖集团按照角色不同，把所有人才分为校招 + 社招普通员工、一线经理、PMO、高管等层级。针对不同层级，搭接各种培训与人才发展项目，形成环环相扣的稳定人才供应链，为各业务核心岗位源源不断输送人才，从而更好地支撑其战略与业务的发展。

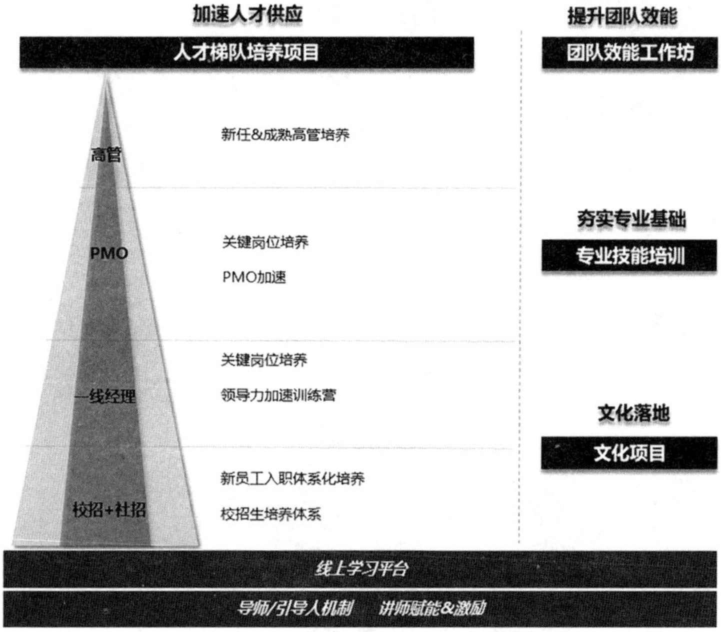

龙湖集团培训体系

（四）员工关怀

秉承着“同心同行”的雇主价值品牌主张，龙湖集团也始终把员工关怀落实到具体行动上。通过打造员工全方位关爱体系与人性化的关怀行动，让员工在工作中获得满满的幸福感与归属感。

1. 员工全方位关爱体系

秉承着“善待你一生”的企业使命，龙湖集团为员工打造了有温度、有关怀的全方位关爱体系。无论是在生活上还是工作中，龙湖集团都陪伴在员工身边。

在日常关爱方面，龙湖集团提供各项补贴以及带薪休假。

在日常保健、健康生活、特殊关爱方面，龙湖集团提供年度体检、健康小贴士、小药箱、体质监测、健康资讯、健康讲座、EAP 服务、人寿保险、重大疾病保险、重疾绿色就医通道等。

在入职纪念方面，龙湖集团提供入职十周年、二十周年金币，给员工满满的归属感。

此外，过节时，员工可享受春节假、家属礼金、生日礼金。

当结婚、生子、买房、调动时，员工可享受婚假、结婚礼金、产假、产检假、陪产假、社会生育保险、购房优惠、住房公积金、异地补贴、探亲假。

当生病或家属过世时，员工可享受带薪病假、补充医疗保险、社会医疗保险、丧假以及奠仪金。同时，龙湖集团还提供额外的意外伤害保险、家属保险。

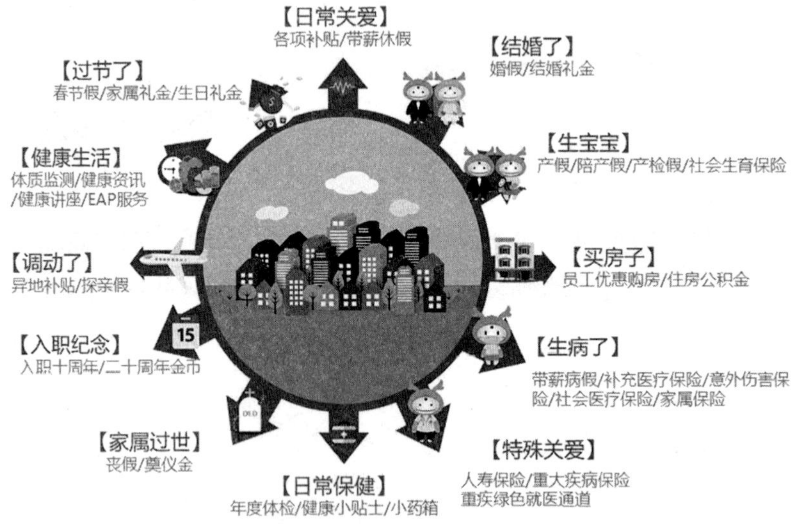

龙湖全方位的员工关爱体系

2. 丰富多彩的业余生活

除全方位的福利体系外，龙湖集团也高度关注员工的精神世界，组织了丰富多彩的员工活动，助力员工平衡工作与生活。

比如，龙湖集团成立了多样化的兴趣俱乐部，涵盖羽毛球、足球、乒乓球等多项体育活动；定期组织分享会，给予员工畅所欲言、共同进步的机会；不定期组织职能团队建设，解放员工的身体，释放天性。

3. 充满人情味的员工活动

在工作之余，龙湖人常常会收获不一样的感动与惊喜。比如龙湖集团不定期举行员工亲子活动，将“善待你一生”的企业使命注入每一个细节；特殊的家属同乐日，让员工收获满满的温情与祝福；不定期举办的龙湖健康讲堂，给予员工真切的关爱，充满了人情味。

可以说，龙湖集团真正将对员工的关怀落至实处，给予员工温暖与关爱，让员工获得满满的幸福感与归属感。

校招概况
XIAOZHAOGAIKUANG

为更好地配合公司的快速成长，龙湖集团目前已形成“仕官生”“绽放生”“点将生”“商业运营”以及“冠誉生”等校园招聘计划，为广大优秀学子提供丰富的就业机会以及广阔的职业发展空间。其中，仕官生校园招聘计划是龙湖集团成熟度最高并受到业内广泛认可的标杆校招项目，为行业输出了大批具有企业家精神的职业经理人。所以，本文将以仕官生项目为主作详细解读，对其他校招培养计划则只作简单介绍。

（一）校招数据

截至 2019 年 11 月，龙湖集团仕官生项目已经推行了 16 年，其间一共有 1145 位顶尖名校毕业生选择以仕官生的身份加入龙湖集团，在广泛的实践中接受历练、快速成长。目前，仍然有 81.8% 的仕官生选择继续留在龙湖集团发展，其成才率②高达 68.3%，处于行业领先水平。

（二）校招项目

1. 仕官生

龙湖集团仕官生校园招聘于 2004 年正式诞生，是业内的标杆校招项目，自设立之初便秉持精英招聘理念，坚持从国内外最优秀的高校挑选和储备未来发展需要的中高层管理人才。招聘范围涵盖地产开发、商业运营、长租公寓、智慧服务四大主航道业务，各航道及职能对口专业各不相同，具体如下。

地产开发：工程、研发、景观、精装、供应链（造采）、客研、策划、投资发展、人力资源、财务管理、内审。

商业运营：招商、运营、推广、客研、商业拓展。

长租公寓：运营、空间创新、市场、拓展。

智慧服务：项目管理、工程管理、市场发展—收并购管理、用户增长、研发管理、供应链管理。

值得一提的是，龙湖集团在 2018 年推出了数字科技（digital technology）仕官生，与往届仕官生的职能有较大区别。

数字仕官生旨在承接龙湖集团“空间即服务”的战略，运用数字化前沿理论与工具，帮助龙湖集团在四大主航道业务及创新业务线实现新的跨越和创新。因此，数字仕官生的招聘范围与传统地产行业并不相同，主要为产品经理、开发工程师、安全工程师、算法工程师（机器学习、深度学习、图像理解方向）、交互设计师、视觉设计师、用户研究员、数据分析师、安全数据分析师等数字化岗位。

2. 绽放生

“绽放”项目成立至今已超过 10 年，是龙湖集团为选拔、培养具备行业竞争力的营销高级管理人才而打造的管理培训生计划。多年来，龙湖集团“绽放”培养了无数的“销冠”、营销专家和高级管理人才，是全行业营销精英的专属成

② 成才定义：M1和P6及以上，带团队成为管理者与P6经理同水平及以上的人。

长舞台。

每年春秋两季，龙湖集团都会通过多角度的考察，甄选符合龙湖集团价值观的优秀毕业生进入公司，并通过 3 ~ 4 年系统性培训，助力其加速成长，成为优秀的地产行业营销管理人才。一般而言，绽放生发展方向主要为销售管理，此外还包括营销策划、品牌媒介、市场调研、客户研究、媒体关系等方向，专业不限。

3. 冠誉生

冠誉生项目是龙湖集团冠寓业务为培养具有龙湖气质的长租公寓经营管理人才而定制的新兴校园毕业生招募计划。龙湖集团通过专业的一对一面试、集训 / 拓展、带薪实习等形式甄选符合龙湖气质的优秀学生加入公司，将其培养成为优秀的长租公寓经营管理专家。

4. 点将生

“点将”项目是龙湖智慧服务长达 16 年来倾心浇铸的校园招聘品牌，意为“点亮将来、照亮梦想”，旨在寻找龙湖智慧服务未来的管理人才和核心骨干。

龙湖集团期望通过“点将”项目招聘到的优秀毕业生，用 1.5 年时间完成从学生到职业人士的转变，通过 3 ~ 5 年的时间逐步成长为公司的中高层管理者，成为同龄人中的佼佼者。其招聘岗位主要为项目管理、园林绿化、工程技术、营销管理、市场发展、社区资源、美居管理、智慧新材、人力资源岗位。

5. 商业运营

商业运营是龙湖集团商业业务为选拔、培养商业运营管理人才、针对“商业运营”这一职能打造的专项招聘项目。招聘岗位主要为商业运营岗位，专业不限，管理类、财经类专业优先。

（三）人才画像

由于龙湖集团各大校园招聘项目招聘要求不同，因此其人才画像也有相应差别，本部分内容以仕官生为主。

（1）在高校方面，仕官生主要来自国内外知名高校，比如清华大学、北京大学、浙江大学、同济大学、东南大学等。

（2）在学历方面，仕官生项目原则上只接收优秀的高校应届硕士研究生和博士研究生，硕士及以上学历占比达到 95.7%，只有个别岗位接收知名高校的优秀本科生。

（3）在特质方面，龙湖集团希望仕官生：

- 有上进心、事业心，内驱力强，坚持高标准交付；
- 工作不仅为钱，有点小目标，有情怀和理想，追求卓越，志存高远；
- 拥抱变化，持续学习（经历过不同环境的挑战，乐于变化和挑战）；
- 有脑有心有手（有思想，又能务实地落地执行，不是坐而论道）；
- 皮实抗压、乐观阳光、自然、耐糙（对难度、压力有准备，甚至兴奋，不怕挑战）；
- 客户至上；
- 生命力强，精力充沛；
- 爱琢磨、爱研究、爱总结规律；
- 空杯心态（对新事物开放、敬畏）。

（四）培养计划

仕官生项目是龙湖集团统一推行，适用于地产开发、商业运营、长租公寓、智慧服务的校园招聘项目。仕官生是龙湖集团未来发展需要的中高层管理人才，整个集团都高度重视仕官生的发展和成长。

历经 16 年的实践与沉淀，仕官生培养体系不断丰富与完善，具有以下特点。

1. 培养理念独特

在仕官生的培训及个人提升上，龙湖集团强调“70−20−10”原则。

（1）给历练：70% 的成长来自工作本身。

尽早给予有挑战性的工作职责是龙湖集团发展仕官生的首要方式。对于绩效好、潜力大的仕官生，龙湖集团敢于大胆任用并乐意为他们可能的失误埋单。

（2）给辅导：20% 的成长来自好的师傅带教。

在龙湖集团，这被称作入职引导人制度，龙湖集团会将业务经验丰富和带人能力强的引导人指派给每位仕官生。入职引导人会对仕官生定期进行阶段性工作复盘，传授成为地产人的宝贵经验，引导仕官生养成龙湖思维，并对仕官生的阶段性状态保持关注，是值得信赖的导师和榜样。

（3）给赋能：10% 的成长来自课堂培训以及各种讨论。

比如，龙湖集团仕官生在入职的前 2 年，会参加 3 ~ 4 次集团及各个业务板块和职能针对性训练营，同时会阶段性地参加各种形式（直播、座谈等）的经验分享会，在强化技能的同时，打造共同发展的平台。

2. 成长路径清晰

龙湖集团为仕官生规划了清晰的成长路径，带给仕官生可预见的成长与发展。

在入职第一季度，仕官生需要熟悉职场环境、明确工作目标，快速完成从学生到职场人的转身；

半年后，仕官生需要理解业务场景、建立龙湖工作习惯及标准并践行文化，真正成为龙湖人；

入职一年，仕官生需要基本理解业务流程，主动承压，成为一个稳定的创造性执行者；

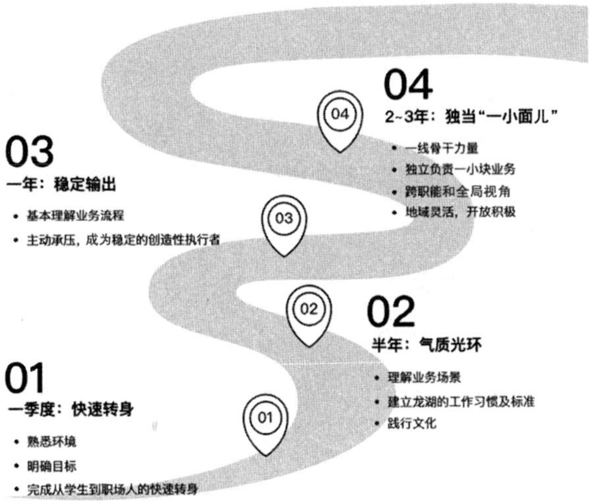

龙湖仕官生阶段化培养目标

入职 2~3 年后，仕官生通过一线轮岗学习、入职引导人带教、专业性培训赋能等方式成长为一线生力军（经理），拥有跨职能与全局视角，能够独挡“一小面儿”；

入职 4~5 年后，仕官生将通过在岗实战与针对性培训项目成长为中层主力军（总监），独立负责某一职能，能够穿成“串儿”；

在可预见的 8~10 年内，仕官生会成为龙湖未来业务的领导者（总经理、CXO），能够成个“腕儿”。

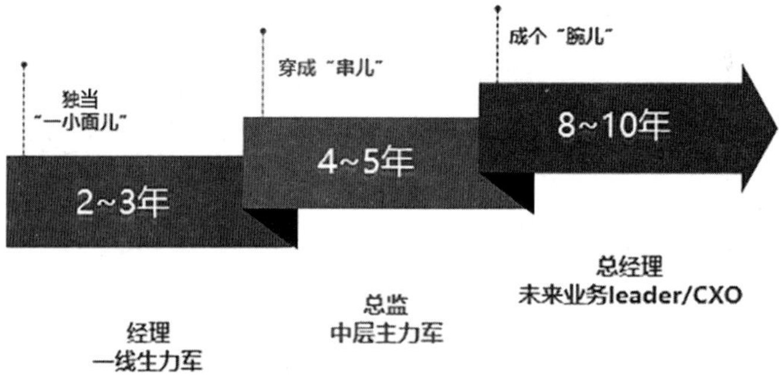

龙湖仕官生成长路径

3. 多平台联动培养

仕官生入职前 2 年，龙湖集团坚持“集团 + 区域”“业务端 + 人力端”多平台联动培养仕官生，从以下三个方面全方位助力仕官生发展。

在通用能力培养方面，龙湖集团会组织 3 ~ 4 次集团 / 区域集中训练营，在培训中扫除业务盲区、提升职场通用力。同时，充分发挥入职引导人的作用，持续关注仕官生的阶段性状态，帮助其更好地理解文化、深化认知。

在业务能力培养方面，龙湖集团提供丰富的在岗锻炼机会，组织各种形式的经验分享会以及 2 ~ 3 次集中专业培训，不断强化仕官生的专业技能和能力。

在人才发展评估方面，龙湖集团会定期组织仕官生参与通晒，帮助仕官生阶段性回顾自身发展，评估其成长表现，并针对性地提出发展建议。

4. 支持资源丰富

龙湖集团高度重视仕官生的发展与培养，给予仕官生大量的组织资源支持。比如职能负责人为仕官生的培养与发展负责，地区总经理为仕官生发展协调各种地区资源，HR 为仕官生设计并推动培养体系等。

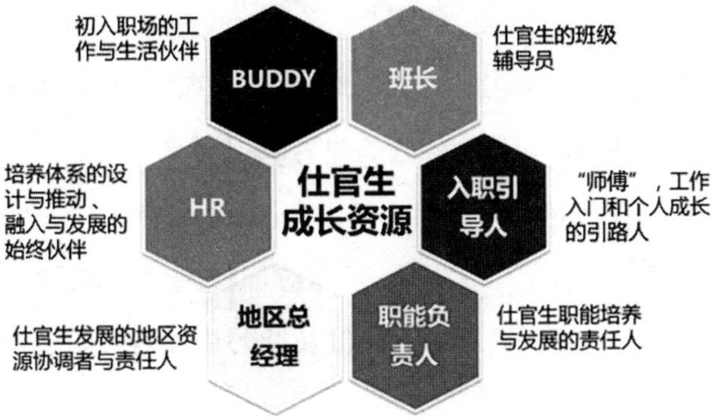

龙湖仕官生培养的组织支持

（五）薪资福利

为吸引高素质的人才，龙湖集团提供同行业内非常有竞争力的全面薪酬。针对仕官生，其薪酬福利主要由以下四个部分组成。

（1）有竞争力的年保障薪酬：年总现金收入 =13 个月基本工资 + 绩效工资 + 各项补贴。

（2）无后顾之忧的福利体系。

法定福利："五险一金"、带薪年休假、生育假、陪产假；

各类补贴：综合补贴、交通补贴、通信补贴、安家补贴、车辆使用补贴；

补充福利：优惠购房、生日 / 新婚礼金、家属礼金、年度健康体检、商业补充保险、带薪病假、员工 EAP（生活工作辅导）。

（3）有付出就有回报的绩效奖金：年终奖 + 即时激励 + 专项奖励。

（4）分享公司成长与成功的长期激励。

对仕官生而言，薪酬的竞争力不仅体现为起薪的水平，更重要的是入职后的增长速度。薪酬增长速度取决于个人的能力发展及公司的发展，工资也会随着其贡献能力的增长而提高。

在龙湖集团，只要持续高绩效，就会持续拥有高回报。

四 总结
ZONGJIE

1993 年，龙湖集团从重庆起步，坚持“善待你一生”的企业使命，成长为一家布局全国、四大主航道业务并进的空间营造服务企业。

自 2004 年首次推出校招项目以来，龙湖集团始终高度重视管培生的招聘与培养。通过不同的校园招聘计划，龙湖集团为应届优秀学子提供了广阔的发展平台与充分的就业机会，并致力于为他们提供长期的事业发展机会而不仅仅是一份工作。

15 年来，从业务一线到管理中坚，龙湖集团已然为行业输出了大量中高层优质人才，成为业内最为瞩目的人才高地。未来，龙湖集团也会秉承“善待你一生”的企业使命，坚持“同心同行”的雇主价值主张，为校招生提供一份可以为之奋斗的事业，继续为行业输出一流的优质人才。

旭辉集团

地产战略家，人才先行者

3

CHAPTER

主编推荐语

旭辉集团成立 20 年来，秉承“用心构筑美好生活”的使命，始终追求“有质量的发展”，凭借清晰的战略思路，快速发展至全国 80 余个城市，服务近 30 万业主。旭辉集团坚持“像管理供应链一样管理人才”，形成“外部输血”和“内部造血”相结合的完备机制，不断完善人背后的“系统和流程”，持续提升员工的专业水平和管理能力，建立了一套科学、规范的培养体系，力求打造“学习型”组织，帮助每一位旭辉伙伴同奋斗、共成长。

企业概况

QIYEGAIKUANG

旭辉集团 2000 年成立于上海，其控股股东旭辉控股（集团）2012 年在香港主板整体上市（00884.HK），是一家以房地产开发为主营业务，定位于“美好生活服务商、城市综合运营商”的综合性大型企业集团。2017 ~ 2019 年连续 3 年荣获怡安翰威特颁发的“中国最佳雇主”荣誉称号，成为史上唯一连续 3 年蝉联此称号的地产企业。

旭辉集团成立 20 年来，秉承“用心构筑美好生活”的使命，始终追求“有质量的发展”，目前集团业务遍布超过 80 个城市（含我国香港，在日本和澳大利亚也有所布局），累计开发项目近 460 个，服务了超过 30 万的业主。2019 年销售规模突破 2000 亿元，跻身中国房地产开发企业 TOP14，企业总资产超过 3000 亿元，在建面积超过 3200 万平方米。

（一）企业历程

2000 年 8 月，旭辉集团在上海起航。

2007 年，开启全国化战略布局。

2011 年，完成股份制改造，成立旭辉控股（集团）有限公司。

2012 年，在香港上市，“一五战略”起航。

2013 年，荣获“年度最具投资价值上市公司”称号。

2015 年，旭辉集团高端改善产品线“铂悦系”问世，赢得市场广泛好评。

2016 年，“一五战略”收官，年销售额突破 600 亿元；获纳入恒生综合大中型指数成分股。

2017 年，“二五战略”起航，年销售额突破千亿元；引入中国平安作为战略投资者。

2018 年 2 月，旭辉集团获纳入 MSCI 新兴市场指数；4 月，旭辉集团第五代产品 CIFI-5 重磅起航。

2019 年 4 月，旭辉集团第六代产品 CIFI-6 发布；7 月，成立旭辉集团商业总部，发力核心城市精品商业。

（二）主营业务

旭辉集团围绕着为客户提供美好生活的出发点，开展多元化业务，推动房地产生态圈的打造，借助房地产主业的优势，不断开拓创新，其业务和关联公司的业务遍及社区生活服务、长租公寓、教育、养老、商业管理、建筑产业化、基金管理、工程建设、装配式装修等。其中，永升服务 2018 年 12 月 17 日在港交所主板上市（01995.HK），聚焦客户满意度，致力于成为值得依赖的智慧社区生活服务商，位列中国物业服务百强企业综合实力排名第 14 位。

1. 住宅开发

旭辉集团顺应品质生活潮流，专注于产品力的不断提升，用心发掘城市、地脉与建筑文明的精粹，把对人的关怀融入产品中，让建筑不再冰冷，为城市和客户打造更高标准的居住体验。

房子是居住的容器，更是生活方式的舞台。旭辉集团将“人性化、科技化、精细化、时尚化”的理念融入产品设计，像管理身体健康一样管理工程质量，带给客户更美好的生活方式。

旭辉集团通过匠筑铂悦系、府系、赋系、江山系、公元系、城系六大产品线，成就一方生活的热土。

现今是一个产品的时代，一个创新的时代，也是一个设计创造价值的时代。旭辉集团倾力将每一个产品都作为“作品”来打造，呈献给客户更多的惊喜，让产品成为最好的品牌代言，多次获得金盘奖、地产设计大奖、詹天佑奖、双面神设计大奖、德国红点设计大奖以及国际创新设计大奖等。

2. 精品商业

旭辉商业将践行为核心城市打造精品商业的战略，希望融合每座城市的人文地理风貌及客户对美好生活的追求，聘请知名设计团队，为一城一区打造独一无二的商业体验。不做简单复制，不辜负每一片土地。

旭辉集团相信，建筑可以是城市最艺术的演绎。对于不可复制的城市中心地段，旭辉集团力邀国际建筑大师操刀设计，将艺术设计与城市地脉相结合，以大师作品致敬城市，例如上海的“恒基旭辉新天地”、北京的“七里庄”项目等。

同时，为了革新商业价值，创造丰盛生活，旭辉集团还打造了以下商业形态。

旭辉广场：打造体量在 8 万平方米以上的城市时尚商业体验中心，以国际引领的设计，实现体验感与设计感兼具的城市核心消费生活圈。

旭辉里：面向全年龄段家庭消费的社区型商业综合体，致力于为客户提供多样化的品质生活选择，成为有温度的社区生活中心。

旭辉市集：2019 年，旭辉集团创造性地打造了“社区市集”这一全新的商业产品形态，引领社区小体量商业模式，丰富区域商业的多元与活力，营造更具生活氛围的社区活动中心。

旭辉集团一直积极布局一线城市及核心都市圈内的二线、强三线城市，在商业开发和运营领域频频发力。目前，旭辉集团旗下商业项目运营管理面积已逾百万平方米，不断引领城市商业新潮流。

3. 长租公寓

旭辉领寓作为旭辉集团“房地产 + 创新”业务板块，致力于构建全球领先的租房生活服务平台和资产管理平台，打造融合居住、社交、娱乐办公、社区市集、文教科创等在内的综合型社区，营造租住生态圈，引领城市精英生活，让年轻人生活更美好。

为满足租客不同阶段的租住需求，旭辉领寓设立柚米寓、博乐诗服务公寓及菁社三条产品线，覆盖租客的全生命周期。旭辉领寓成立行业首个产品研发基地，建立“创新户型、科学收纳、安全环保”的产品标准，不断创新迭代，系统规划租住体验，通过存量资产改造重塑建筑活力，增添城市靓丽风景线。目前，旭辉领寓在其布局的一线、二线城市管理公寓已逾60000间。

未来，旭辉集团将以数字构建行业领导力，以科技开启业务创新，以专业匠心与人文情怀，不断为客户创造美好的生活体验，为中国城市发展尽绵薄之力。

（三）企业文化

1. 使命：用心构筑美好生活

自2000年成立以来，旭辉集团一直秉承“用心构筑美好生活”的使命，初心不改，始终如一。

在致力于推动社会进步，让城市生活更加美好的同时，旭辉集团以19年沉淀打磨的专业匠心与人文情怀，为每一位客户打造舒适、绿色、健康的生活体验，也为员工实现精神与物质的幸福生活。

2. 愿景：成为全球化的世界500强企业

旭辉集团用19年的时间，形成了战略和经营上的全球化视野与格局，致力于在企业经营能力、管理水平、品牌价值、多元发展、社会责任等方面与世界500强企业看齐，期望成为在营收、市值、利润等规模上具有全球影响力的世界500强企业。

3. 核心价值观：以客户为中心、专业匠心、简单化职业化、艰苦创业奋斗共享、成果导向、爱拼才会赢

以客户需求为发展的原动力，旭辉集团始终保持对专业的追求和精进，秉承简单、公平、尊重、信任、开放的心态，恪守职业化的精神、操守、技能、行为和形象，保持危机意识和艰苦奋斗精神，以成果为准绳，以绩效论英雄，乐于与奋斗者共创

价值、共享成果。

4. 企业文化活动

（1）徒步文化。

自成立以来，旭辉集团一直以“行者”的稳健姿态前行，在企业发展的同时，致力于为员工打造“健康快乐、丰盛进步”的生活。

徒步作为一种门槛极低的健康运动，已成为旭辉人的一种生活方式，内化为旭辉企业的文化基因。徒步彰显了旭辉集团“爱拼才会赢”的企业精神，更带给了旭辉人健康的体魄和超越自我的精神。

在玄奘“宁可向西而死，不愿向东而生”精神的感召下，旭辉集团从 2014 年开始举办“旭辉杯戈壁徒步挑战赛”,用戈壁徒步的过程去感受“理想、拼搏、坚持、超越”的真谛。正如旭辉集团董事长林中所说，每一年走戈壁，都是旭辉人重新回顾理想、初心与使命的过程。行无止，心无疆。

让脚步跟得上梦想，五年逐梦戈壁，从挑战极限到享受极限，每一次行走，都为旭辉人注入了永不枯竭的前行动力。

旭辉集团的徒步文化

2018 年旭辉集团将徒步从戈壁带进了城市，开启了“行者旭辉城市公益徒步”系列活动，将徒步的健康进步与公益的丰盛进步相融合。行者之路，有力量，更有大爱。

旭辉集团的徒步活动广泛邀请其业主、合作伙伴、社会公众加入其中，收取的所有报名费用都将投入公益捐赠，用脚步丈量城市梦想，用行走为公益献一份爱心。旭辉集团徒步中的每一步，都凝聚着爱的力量。

（2）公益之路。

旭辉集团 20 年的稳健发展之路，也是一条笃行公益的慈善路。秉持“大爱利他”的理念，旭辉集团每年都会提取一定比例的资金用于慈善捐助，从捐资助学、抗震救灾、环境保护等公益领域回馈社会。至今，旭辉集团已累计捐款近 3 亿元，其中超过 1.5 亿元用于教育捐助。未来，旭辉集团也将实现在公益慈善上系统性、战略性地持续投入。

（3）绿色文化。

旭辉集团一直把促进环境的可持续发展，为子孙后代留一片蓝天、一方净土作为自己的企业责任。旭辉集团深知每年数千万平方米的在建项目对环境、社会的影响，因此以房地产绿色供应链、精装修住宅、绿色健康住宅研究和住宅产业化为契机，不断推动绿色地产的实践与创新。

（4）“文化大使”评选。

从集团到事业部，分层级设立“文化大使”荣誉奖项，在集团年会、中秋节晚会及各级管理会议上公开通过仪式感的表彰、宣导，打造旭辉集团员工文化行为标杆，引导员工行为向着组织所倡导的价值观行为转变，达到同心者同路、力出一孔的目标。

（5）文化故事宣导。

在“文化大使”评选过程中，需要上级对推荐者进行事例列举，并以此为依据进行文化故事的深度挖掘，通过梳理、沉淀，产出各自组织层级的文化行为故事合集，并辅以宣贯及传播，引导员工行为转变。同时，在旭辉集团官网及微信公众号创办相关人物专题报道，宣传榜样的力量。通过微信、官方微博、手册等多种宣传载体，将文化故事传播给全体员工。

（四）企业荣誉

2017 年和 2018 年，旭辉集团连续两年获得由全球领先的人力资源管理咨询公司怡安翰威特授予的“中国最佳雇主”称号。在这两年中，旭辉集团是唯一获该奖的房地产企业。此外，旭辉集团还多次获得中国人力资源管理研究会、易居、中华英才网、智联招聘等多家机构颁发的“最佳雇主”奖项。

2019 年，旭辉成为唯一连续 3 年获怡安翰威特颁发的“中国最佳雇主”的房地产企业；在中国房地产开发企业排名第 14 位。

人力资源体系
RENLIZIYUANTIXI

（一）人力资源数据

1. 团队年轻，富有战斗力

在旭辉集团的员工体系中，“80 后”占据大部分数量。与此同时，“90 后”新生代快速崛起，已成为公司员工队伍的中坚力量。总体来看，公司员工整体上年轻有活力，富有战斗力。

2. 学历较高，员工精英化

旭辉集团不仅在社会招聘中强调员工能力与潜力的平衡，在校园招聘中也针对不同的群体提出了不同的目标诉求，包括面向“985”“211”高校硕士毕业生群体的旭日生品牌、面向高潜质且拥有强烈成功渴望的毕业生群体的皓月生品牌。此外，自 2018 年开始启动辉耀生计划，开始引入博士生及高潜力的 MBA 伙伴，进一步为公司的持续发展注入了高素质新鲜血液。

（二）用人理念

1.“六高”人力资源战略

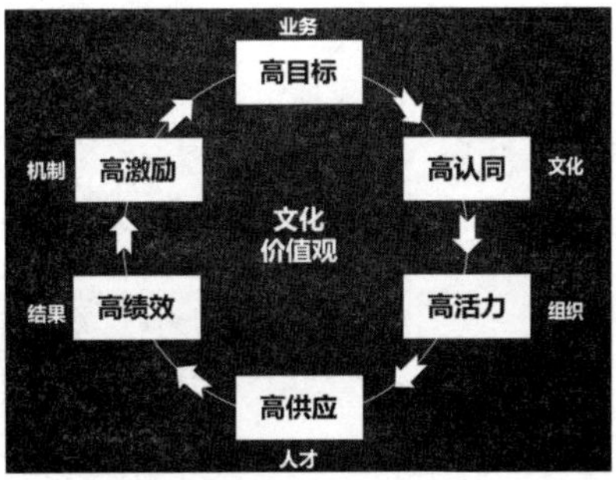

2017 年，旭辉集团迈过组织变革的第一个五年时，无论是战略层面、行业层面，还是组织和人才层面，都面临较大的挑战。因此在“二五战略”中提出“组织和人才六高战略”，即业务高目标、文化高认同、组织高活力、人

才高供应、结果高绩效、机制高激励。

业务高目标：旭辉集团设定企业发展的高目标，以此凝聚市场上有追求的精英。精英们追求高目标实现职业发展，旭辉集团也通过高目标的要求筛选出一批真正喜欢挑战的旭辉人。

文化高认同：旭辉集团倡导“爱拼才会赢”的精神，核心价值观为以客户为中心、提倡专业匠心、简单化职业化、艰苦创业奋斗共享、注重成果导向。希望以文化凝聚一批“敢拼命的秀才”，强调知行合一，同心者同路。

组织高活力：追求组织的高活力，对内简单高效、自我学习和进化，对外敏捷应变，真正去释放每一个员工的才能，提升各层组织的活力。

人才高供应：旭辉集团只有两类人，即精英和想成为精英的人。为了让精英能够高成长，针对各职能条线，旭辉集团搭建了 10 余种业务管理能力提升体系；同时，通过多种领导力发展体系、文化培训体系、内训师体系以及学习管理平台，形成“外部输血”和“内部造血”相结合的完备机制，实现源源不断的人才输送，支撑高活力的组织建设。

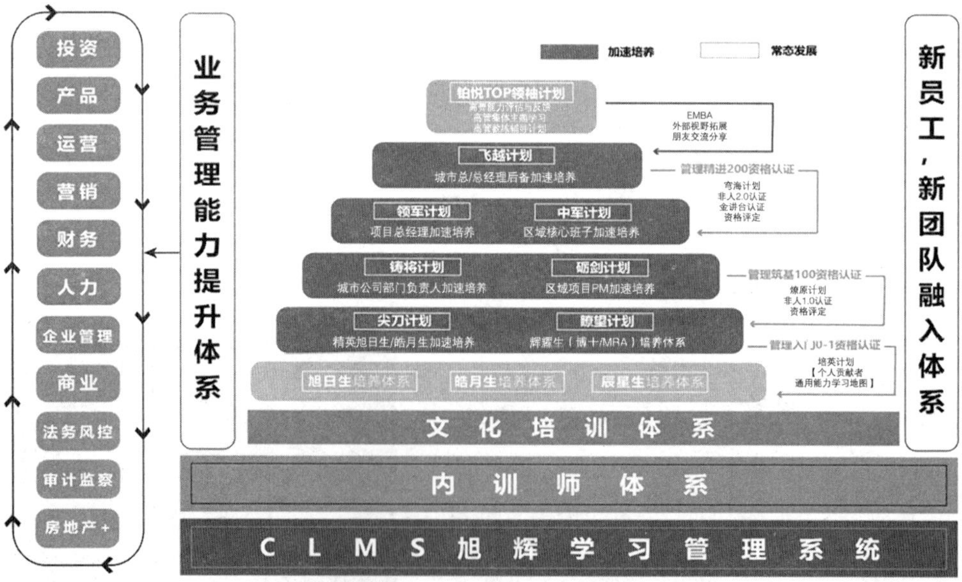

旭辉集团业务管理能力提升体系

结果高绩效：旭辉集团通过高绩效激励，发掘靠谱的人才，不断提升各项标准，追求业务精进、管理提升，让其跑赢自己、跑赢竞争企业，最后跑赢行业。

机制高激励：旭辉集团短中长期激励机制，如奖金、跟投、激励性股票计划，对于高绩效的组织和员工给予高激励。共创共享，价值分配向卓越者和奋斗者倾斜，让基层有奔头，中层有发展，中高层有地位，高层能够实现财务自由，同时有情怀。

2. 独特的文化、组织、机制、人才和管理的“五位一体”体系

（1）简单阳光的企业文化和“唯精英、敢创享”的雇主品牌深入人心。

- 战略视角和企业家精神的高管团队；
- 强推动力和影响力的中层团队；
- 自驱力强且“靠谱”的基层团队。

（2）逐步落实“三支柱”HR 运营管理模式，以高活力为导向的敏捷性组织建设。

（3）构建优秀的“奋斗、共享”激励机制，提倡艰苦奋斗及共享共赢。

（4）高效的人才供应链体系，从外部和内部供应足够数量的人才支撑规模的快速扩张。

（5）人力资源战略与业务战略的高度适配性，指引人力资源工作可以有效落地、深入及迭代。

（三）培训体系

旭辉集团坚持像管理供应链一样管理人才，形成“外部输血”和“内部造血”相结合的完备机制，同时不断完善人背后的“系统和流程”，确保流畅运转。为不断提升员工的专业水平和管理能力，旭辉集团成立旭辉大学，建立了一套科学、规范的培训体系，力求打造“学习型”组织。

作为旭辉集团人才培养和输送的“摇篮”，旭辉大学自成立以来，就在培训创新人才的道路上不断探索，在源源不断地为旭辉集团输送人才的同时，也为旭辉集团打上鲜明的“学习型企业”烙印。

旭辉集团人才培养体系涵盖加速发展体系、通用领导力提升体系、业务管理能力提升体系、新员工新团队融入体系、文化培训体系、内训师体系以及旭辉集

团学习管理平台（CLMS）。全面立体的人才培养体系，助力每一位旭辉人同奋斗、共成长。

在多年的发展历程中，旭辉大学紧密结合最新战略导向、贴近实际业务需求，本着精益求精的原则，先后设计开发了一系列精品人才培养项目，比如加速培养项目之领军计划·项目总训练营、铸将计划·新晋经理人训练营；业务提升培养项目之“匠心专注　精品之道”项目工程经理训练营、军师计划·项目财务经理认证训练营、HR Academy 卓越人力资源训练营、筑梦计划·设计负责人训练营、营销·将星计划；管培生培养项目之旭日生训练营、皓月生训练营等。

选：通过人才盘点、述职面试、测评等工具对各类高潜人才进行甄别和选拔入库。选拔标准从过往经历、现岗职级绩效、发展方向、目标岗认知、文化价值观匹配度、现岗业绩、能力、潜力等维度进行综合评估。

用：定期人才检视，回顾高潜人才成长情况，并根据岗位需求进行任用评估；给新人更多的时间与容错度、忍耐度；同时用人之所长，以团队补充短板。

育：对标目标岗位任职资格标准设计针对性的学习课程，并采用轮岗、高管辅导等方式，加速培养。

留：旭辉集团投入较多资源培养高潜人才，使其在一段时期内快速成长，到达目标岗位；入库人员薪酬每半年度回顾，保持市场 90 分位水平；内部人员要获得发展需先入库，内部岗位机会优先从入库人员提拔，内部不能满足时才考虑外招。

先进而又人性化的人才管理理念，科学而又系统的组织优化变革，以及人才发展的体系化建设，构筑起旭辉集团人力战略核心竞争力，不仅为企业的可持续发展提供了强劲的内部驱动力，也为行业提供了具有启示意义的解读样本。

以“领军计划·项目总训练营”为例

旭辉大学承接集团“二五战略”，科学规划而诞生的年度重点加速培养项目，旨在培养符合旭辉集团战略需求与文化导向、具备经营意识、专业技能过硬、能独立全面操盘、助力战略实现的合格项目管理第一负责人。

始于 2015 年的领军计划·项目总训练营（以下简称训练营），至今已成功举办 6 届，共培养了 200 余位项目总，为旭辉集团筑起了坚实的人才后盾。2019 年因应旭辉集团战略导向，领军计划进行了全面迭代升级，使得项目总培养更聚焦、更敏捷、更实战。在近半年的培养周期中，项目总学员聚焦“经营聚焦、前期策划、过程管控、资源整合”四大主题，参与多次课堂集训，完成各种作业、任务与历练。

（1）混合式培养。

为了跟上旭辉“二五战略”对人才数量与质量的要求，2019 年训练营分两批滚动开班，5 个月培养了 70 多名项目总及后备人员，学员经历了线上与线下结合、正式与非正式结合的混合式学习。

（2）线上班级。

在培训期间，学员们加入线上班级，学习任务和通知都会在这里发布。学员们能“手不释卷”，相互之间可以看到排名，形成良性竞争的学习氛围。

（3）案例教学。

通过案例教学，学员们获得讲师的专业指导，并掌握重点技能，尤其是对于前期策划和工程策划这类需要高度“心手合一”的能力。

（4）实地踩盘。

纸上得来终觉浅，在实际应用所学知识前，都需要经历一个重要步骤：应用所学知识结构化地评价他人的成果。为此，学员们对旭辉集团的两个标杆项目进行了实地踩盘和复盘。

（5）经营解码。

通过经营解码，模拟了项目从拿地到开盘的全流程。在这个过程中，学员们深入理解项目全流程的要点、建立协同交圈的意识。

（6）专题研究。

通过专题研究和结业答辩，学员们学会如何应用所学知识在正式的工作环境中解决问题。

（7）返岗历练。

一个人能力的提升，只通过课堂的学习是远远不够的，还离不开经验积累和他人的支持。学员们即使回到工作中，学习也仍在继续，多项设定好的任务等着他们去完成，例如“参与月度经营会，针对经营提出建议”。此外，每位学员都会分配到一位导师，在学习过程中获得辅导和反馈。

（8）构建人才培养全景图。

学员完成所有项目总训练营的学习任务后，还需要接受一项终极考验：项目总测评。只有通过了测评，才算真正毕业，这也要求旭辉大学不断迭代和完善人才培养项目。

旭辉集团第五届领军计划 · 项目总训练营

（四）人才发展

1. 科学公平的评价机制

旭辉集团在“一五战略”期间就已经搭建起科学完备的人才评价体系，并根据市场及公司的快速发展而逐步优化。首先，绩效考核简单透明。所有员工的绩效由直接上级和间接上级进行双重打分，确保了考核结果的公平公正。每一位员工均知道自己的绩效考评结果和排名情况，如果有疑义可以向公司进行申诉。其次，在部门的绩效沟通会上，可了解到本季度绩效优秀员工的突出事迹，使绩效评价公开透明。

2. 内部人才供应链打造

2019 年，旭辉集团的人才内部成长率达到 70% 以上，而未来这一指标要进一步提升至 80%。为了保证内部成长率，旭辉集团构建了一条极具活力的人才供应链，这其中又以管培生的培养最为突出。从“旭日生”项目推出至今，七年来，整体留存率约 90%。

在人才提拔方面，旭辉集团优先从内部提拔。至今，旭辉中高管的内部提拔比例达 73%。先进而又人性化的人才管理理念，科学而又系统的组织优化变革，以及人才发展的体系化建设，构筑起旭辉集团人力战略核心竞争力，不仅为企业的可持续发展提供了强劲的内部驱动力，还为行业提供了具有启示意义的解读样本。

（五）员工关怀

旭辉集团致力于构建“简单、公平、阳光、尊重、信任、开放”的文化氛围，追求共同的价值观，让员工在职业、简单、阳光的氛围中安心工作，既感觉到归属感和凝聚力，又收获成就感，始终倡导“快乐、健康、丰盛、进步”的员工价值主张。

（1）旭辉集团举办周年司庆活动。

旭辉集团 19 周年司庆，高管列队迎接员工入场

旭辉集团 19 周年司庆，新晋 5 年老员工合影

（2）家庭日：让每一位旭辉人在爱的时光里感受成长。

旭辉家庭日，让员工对生活进行有趣的探索

让每一位旭辉人在爱的时光里感受成长

（3）徒步俱乐部：鼓励员工把徒步作为一种健康的生活方式。

旭辉集团总部和各区域公司都有自己的徒步俱乐部，鼓励员工把徒步作为一种健康的生活方式

三 校招概况

XIAOZHAOGAIKUANG

（一）校招项目

1. 旭日生精英招募计划

（1）项目介绍。

旭辉集团旭日生校园招聘计划始于 2008 年，至 2019 年，已历 11 届。该计划旨在全球范围内选拔怀揣梦想、充满热情且具有潜质的毕业生，通过“四位一体”的培养责任人制度和独具特色的培养与发展体系，全面提高毕业生们的业务技能及综合能力，使其在 3 ~ 5 年内快速成长为公司的中高层管理人员。

旭日生定位于精英招聘，其培养目标决定了旭辉集团在人才甄选上的高标准，以及对旭日生成长的高要求和高期望。旭辉集团希望通过公司的高关注、高投入，为旭日生带来高质量的快速成长。

（2）项目亮点。

高发展：旭辉集团在“二五战略”期间的宏伟目标，能为心怀梦想的人提供更多的机遇和更广阔的发展平台，实现组织与个人的高速发展。

高薪酬：旭辉集团为应届生提供了极具行业竞争力的薪酬，以及人性化的全面福利体系，助力毕业生实现财富与精神的双丰收。

高关注：旭辉集团董事长及总裁在甄选环节深度参与，总监级导师、经理带教，资深 HR 和往届旭日生全程引导，“四位一体”的培养责任人制度和职场启航养成与发展体系助力应届毕业生快速成长。

（3）培养路径。

优秀的应届毕业生加入旭辉集团之后，1 ~ 3 年即成为基层业务骨干或基层管理者，4 ~ 7 年将成长为中高层管理者，8 ~ 10 年成为高层管理者。

2. 皓月生销售精英招募计划

（1）项目介绍。

旭辉集团皓月生招聘计划始于 2014 年，至 2019 年已历 5 届。该计划旨在招聘高潜质且有强烈成功渴望的在校大学生，通过系统、科学的培养，使其成长为拥有旭辉气质的营销管理梯队与顶级专业梯队，为实现旭辉集团“二五战略”目标奠定人才基础。

（2）项目亮点。

强专业，精管理：一线实战历练，夯实基础，用业绩证明价值；营销全生命周期深度参与，全盘视角，精进管理；房地产运营流程多方体验，加速奔跑，综合提升。

大平台，真发展：连续保持年均 60％的复合增长，发展空间广阔；“二五战略”引领，让发展有更强的助力；在简单、阳光的氛围中与志同道合的伙伴共同发展。

领成长，优回报：完善的皓月生融入体系，助力应届生领先起步、职场启航；系统性培养及全面课程资源将是员工职业进阶利器；无论在物质上还是精神上，都能享受超出预期的回报。

（3）培养路径。

皓月生入职 1 年内作为置业顾问，需要夯实业务基础。经过一线锻炼，业务骨干 1 ~ 2 年即可成为销售主管；2 ~ 4 年可以发展为销售经理；销售精英 4 ~ 7 年即可成为项目操盘手；7 年以上有望成为营销总监，统筹营销工作。

3. 辉耀生精英招募计划

（1）项目介绍。

该计划致力于在全球范围内选拔高潜力的博士和 MBA 毕业生，通过高管带教、体验式学习、项目 / 部门实战、前瞻性课题研究以及沙龙复盘等培养方式，全方位、定制化地提升博士和 MBA 毕业生的业务技能与管理能力，使其在 3 ~ 6 年内迅速成长为公司的高层管理者。

辉耀生定位于高端人才招聘，是旭辉集团全新打造的人才项目，致力于培养引领行业发展的精英领袖。旭辉集团通过严格的选拔、系统的培养以及挑战性工作的历练，为国内外顶级高校和知名商学院的博士与 MBA 毕业生提供高质量的快速发展平台；集团多元化业务发展和“一体两翼”的战略布局，为毕业生提供多领域、跨行业的发展平台。

（2）项目亮点。

多维平台：“二五战略”引领下，旭辉集团通过主航道战略、“房地产 +”战略和房地产金融化战略，打造房地产生态圈，为毕业生提供多领域、跨行业的发展机遇与平台；与旭辉集团多业务领域的接触使毕业生能够在短时间内迅速了解房地产全行业发展现状，帮助其形成全局观和战略思维。

精英领袖：辉耀生面向国内外顶尖高校和商学院的博士与 MBA 毕业生，让精英与精英一同成长，成就非凡；旭辉集团秉承“人才至上”的初衷，高度聚焦于辉耀生的招募与培养，致力于将辉耀生打造成为引领行业变革的精英领袖。

私人定制：旭辉集团通过高管“一对一”的定向带教机制，为每一位辉耀生量身定制培养发展方案；使其在高管“业务助理”的岗位上开阔视野、积累资源、提升个人影响力；旭辉集团 10 余年管培生招募培养的积淀，为辉耀生项目的顺利落地保驾护航。

（3）培养路径。

辉耀生加入旭辉集团之后，第 1 年即为集团高管助理，2 ~ 3 年成为中高层管理者，4 ~ 6 年成长为高层管理者。

（二）人才画像

旭辉集团在招聘时，主要看应聘者的内驱力、追求卓越的心和影响力三种特质，需要人才简单阳光、追求卓越，能够学以致用，系统性地解决问题。

内驱力：是看一个人是否对自己有要求。优秀的人一般不止一个方面好，而是多个方面都好，这就需要始终保持好奇心，保持自驱力，驱动自己去学习更多元的知识。

追求卓越：优秀的人才往往具有追求卓越的品质，即拥有“一颗冠军的心”，做每件事都力争做到最好。

影响力：旭辉集团管培生招聘的往往是管理后备军，需要大量的沟通和协调工作，这就需要人才具有同理心和影响力。

人才招聘最终的落脚点，则是要与企业文化相匹配。旭辉集团喜欢简单阳光、正向积极的人。

（三）招聘亮点

1. 高管参与

总裁、董事长深度参与集团最终面试环节，解密旭辉集团的战略与人才观；各职能中心的总经理会与本条线的候选人进行座谈，帮助学生们建立对于相关专业的系统性认知；区域面试环节，将会邀请区域集团分管领导及人力资源中心总经理进行一对一面谈，不错失任何一位拥有旭辉气质的优秀人选。

2. 品牌输出

旭辉集团每年的校园招聘启动式都成为同行观摩学习的对象，从场地布置、礼品设计、活动策划、演讲形式、嘉宾量级等方面都有精心的设计和策划，体现了对人才的高度重视。2019 年，旭辉集团校园招聘宣讲会采用“舞台剧 +TED 演讲”的形式，生动地讲述了一个如何选择人生的故事，风趣又感人，让大家耳目一新。同年，旭辉集团推出了自己的校招 IP“旭小宝”，其宇航员的形象是指，在职场“宇宙”，旭辉人勇于拼搏挑战，不断探索，坚持而执着；“辉耀、旭日、辰星、皓月、晨辉”等校招项目，描绘了一幅星海蓝图，而旭辉人如同在宇宙中征服星辰大海的宇航员。在旭辉的平台，每个人都有无限可能性。

3. 体验之旅

针对“辉耀生”“旭日生”项目，旭辉集团会统一组织两天一夜的终面体验之旅。从对每位候选人的全流程细致安排，到各类贴心的小细节，都足以体现旭辉集团对人才的重视。

（四）培养计划

旭辉集团以将旭日生培养为未来中高层管理者为目标。结合旭日生的成长周期，旭辉集团为旭日生制定的阶段性培养目标为：短期（1 ~ 4 年）成长为基层业务骨干或基层管理者；中期（5 ~ 8 年）成长为中高层管理者；长期（9 ~ 10 年）成长为高层管理者。

在旭日生入职后的每个阶段，根据实际情况，将设置不同的培养重点，具体见下图。

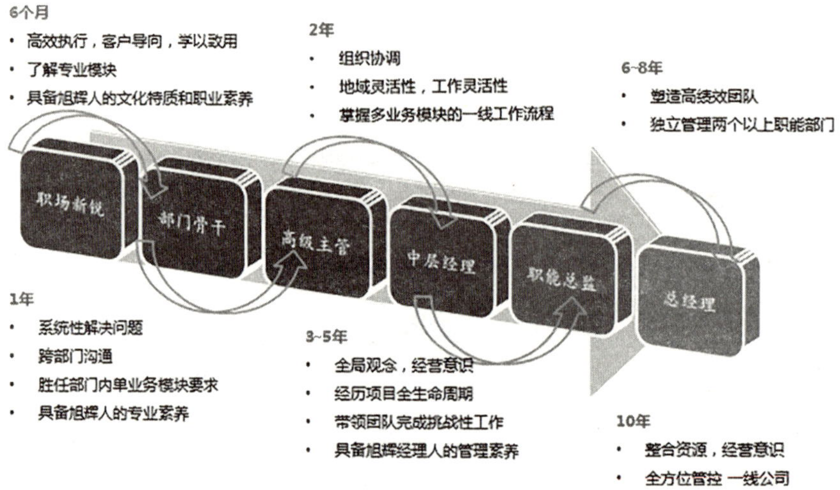

所有旭日生在入职后前 3 年培养期内将参与由旭辉大学组织的 7 次集中培训。集训将针对通用领导力进行授课，邀请往届优秀旭日生进行经验分享，邀请高管进行企业战略和文化宣导。集训中也会组织旭日生述职答辩，旭日生需结合实际工作及自身成长情况向集团相应导师 / 带教及 HR 负责人进行汇报，集团导师 / 带教及 HR 负责人将根据旭日生的汇报和答辩评估其现阶段发展问题并对下一阶段提出建议。旭日生入职后首年将会根据条线特质组织总部与区域、相关专业大类之间的轮岗。

旭辉集团将为每名旭日生安排导师 / 带教，进行日常辅导。旭日生需定期与导师 / 带教进行沟通，解决工作及发展上的困惑和难题。旭日生导师 / 带教需结合工作需要及旭日生个人诉求与特质，以季度为周期，与旭日生一起制订其个人发展规划，并以季度为周期进行跟进、回顾及调整。

（五）晋升与考核

优先从一线选拔人才。旭辉集团希望所有员工都从基层做起,因为宰相出于州郡，猛将出于士卒，如果根基没有打好，未来等员工到了管理岗位后再想补基础就很难。所以旭辉集团优先从一线、从“铁军”、从艰苦战斗过的团队中选拔人才，升得快的一定是有“军功”的，一定是打过艰苦仗的。

有 70% 的准备度就可以提拔。旭辉集团用人一定是先内后外，员工只要有 70% 的准备度就可以提拔，不要求 100%。旭辉集团 2019 年提拔的总经理，基本都是由内部晋升，集团开始具备强大的“造血”功能，未来大部分岗位也都会来自内部提拔。同时，旭辉集团愿给新人更多时间和成长的容错度，而很多年轻人在成长的过程中也都难免犯错，集团需要有这种容忍度。

（六）薪资福利

对精英人才来说，最渴望的是工作的挑战性以及个人的成长和成就。

旭辉集团不仅给予人才职务与地位，还为其制订了短、中、长期激励计划：短期为工资、奖金等收入；中期是跟投；长期则是激励性股票计划。对基层员工和应届生，旭辉集团还推出了安居计划，帮助员工完成置业，让每一位精英伙伴毕业后有一个自己的家。

正如旭辉集团提倡的“共创、共担和共享”，既让人才能追求理想，又有丰厚的回报。

四 总结
ZONGJIE

旭辉集团成立 20 年来，秉承“用心构筑美好生活”的使命，始终追求“有质量的发展”，目前业务遍布全国 70 余个城市，服务近 30 万业主。

旭辉集团坚持像管理供应链一样管理人才，形成“外部输血”和“内部造血”相结合的完备机制，同时不断完善人背后的“系统和流程”，确保流畅运转。

旭辉集团致力于构建“简单、公平、阳光、尊重、信任、开放”的文化氛围，让员工在职业、简单、阳光的氛围中安心工作，不仅感觉到归属感和凝聚力，又收获成就感。

2019 年，旭辉集团成为唯一连续 3 年获怡安翰威特颁发的“中国最佳雇主”奖项的房地产企业；此外，还多次获得中国人力资源管理研究会、易居、中华英才网、智联招聘等多家机构颁发的“最佳雇主”奖项。

近几年，旭辉集团在人才市场上建立了良好的雇主品牌，不仅源于旭辉集团对人才的重视和系统的培养方案，也源于对员工的文化关怀，更是每一位旭辉人共同努力奋斗的成果。

新城控股

员工是最宝贵的资产

4

CHAPTER

主编推荐语

新城控股以“让幸福变得简单”为使命，依托“双轮驱动”核心战略，布局全国100余座大中城市，已成为跨足住宅和商业的综合性房地产集团。新城控股始终认为“员工是企业最宝贵的资产”，通过快速发展为员工提供空间广阔的工作机会，通过“骆驼文化”打造简单和谐的工作氛围，通过建设实体大学——新城商学院，打造完善的培训机制，并提供具有竞争力的薪酬福利，从而吸引和培养了大量精英人才，不断为社会、行业创造价值。

一 企业概况
QIYEGAIKUANG

新城控股成立于1993年，总部设于上海，经过26年的快速发展，已成为跨足住宅地产和商业地产的综合性房地产集团。新城控股坚持以上海为中枢、长三角为核心，向珠三角、环渤海和中西部扩张的“1+3”战略布局，目前已进入上海、杭州、南京、天津、重庆、苏州、青岛、西安、成都、长春等111个大中城市，开发中或已完成项目超过500个，目前总资产超过4000亿元。

2018年，新城控股入选新华社民族品牌工程，携手国家级信息传播和智库服务平台，实现民族品牌的世界级传播，共同打造中国品牌的新名片。2019年1～10月，新城控股累计完成全口径销售额2223.73亿元，稳居行业第8位。

（一）企业历程

1993年，新城控股开始房地产开发经营业务，并迅速成为常州房地产市场的领军者。

2001 年，新城地产在 B 股上市，成为江苏省最早上市的房地产公司之一。

2002 年，住宅开发业务成功拓展至长三角沪宁沿线，实现城市公司向区域公司的跨越。

2008 年，业务版图扩展至商业地产领域，成为中国房地产百强企业 20 强。

2009 年，战略中心转移至上海，全面实施布局长三角深耕发展战略。

2010 年，年度销售总额首次突破 100 亿元。

2011 年，入驻武汉和长沙市场，业务拓展至泛长三角区域。

2012 年，“吾悦”商业地产品牌诞生。

2013 年，年度销售总额突破 200 亿元，从 100 亿元到 200 亿元，只用了 3 年；同年，公司创立大型公益品牌“七色光计划”。

2014 年，加速全国化布局，进驻海口、青岛、南昌、长春、安庆、济南市场。

2015 年，吸收合并新城地产，成功于 A 股上市（601155.SH），年度销售总额突破 300 亿元。

2016 年，立身新高度，全年完成销售额 650 亿元，跻身中国房地产销售额百强企业第 15 位，制定“千亿新城”战略目标。

2017 年，全年新开业 12 座吾悦广场，双轮驱动提前迈入“千亿房企俱乐部”。新城控股不忘初心，启新未来。

2018 年，全年销售额跨越 2000 亿元，跃升 TOP10 房企行列；同年，入选新华社“民族品牌工程”。

2019 年 1 ~ 10 月，销售额排名稳居行业第 8 位。全体新城人携手与共，续写新的发展篇章，推动新城控股朝着世界 500 强的梦想不断前进。

（二）主营业务

1. 住宅开发业务

新城控股住宅开发事业部通过对居住文化的研究与甄选，确立了“新中式、大都会、现代”三大产品系列，全新打造住宅产品品牌“未来 +”，赋能城市居住，让幸福生活升级。目前住宅开发事业部已进入上海、南京、苏州、杭州、宁波、合肥、南昌、广州、深圳、北京、天津、青岛、济南、武汉、长沙、成都、重庆、西安、郑州、贵阳、昆明、南宁等60余个大中城市，在建项目达300余个。时至今日，新城已为30余万家庭、100余万业主提供了优质的居住物业。

2. 商业开发业务

新城控股商业开发事业部主要负责新城控股旗下城市综合体项目吾悦广场的开发与建设。吾悦广场业态多样，包括购物中心、住宅、公寓、写字楼等。自2012年“吾悦”品牌诞生以来，商业开发事业部依托“吾悦”品牌升级战略，持续打磨“吾悦”系产品，从中国家庭最真切的情感需求出发，致力于将“吾悦”打造成“有情怀、不复制、具规模”的中国体验式商业领导品牌。截至2019年11月8日，新城控股在全国98个大中城市已经布局120座吾悦广场，已开业吾悦广场达54座。

3. 商业管理业务

新城控股商业管理事业部致力于与消费者建立情感纽带，结合不同城市的人文历史特色打造出不一样的商业产品体验。为此，商业管理事业部建立了数千人的专业运营管理团队，从商业规划、招商落位到营运管理和营销推广，具备全面的商业资源统筹和管理能力。同时，新城控股与国际国内一流品牌商家合纵连横，凭借强大的商业磁场聚集海量商流及客流，不断创新精细化管理体系。2019年1 ~ 9月实现租金及管理费收入27.62亿元，同比增长95%。

（三）企业文化

1. 企业使命：让幸福变得简单

新城控股致力于向更广泛、更多的人传播幸福，通过专业的能力和持续不断的努力，让每个人、每个家庭的幸福能够简单轻松地实现。

为客户，提供精心打造的优质产品和周到细致的真诚服务；为员工，营造简单高效的工作氛围和持久宽广的成长舞台；为股东，创造合理丰厚的投资回报，并确保企业长期持续成长；为社会，坚持共生共赢的合作理念，贡献更大的企业社会价值。

2. 企业愿景：传播幸福，成就卓越

传播幸福，让所有人的幸福梦想成真是新城控股工作的出发点和努力方向。通过坚持不懈地为客户、为员工、为股东、为社会传播幸福的体验，新城控股实现从“优

秀到卓越”的成长，从而成为行业领先、绿色发展、受人尊敬、基业长青的企业。

3. 核心价值观：诚信、开放、创新、共赢

诚实守信——无论做人还是做事，无论是对待客户、员工，还是对待合作伙伴、股东和社会，新城人都以心致诚，视诚实守信为生存之本。

开放包容——新城人始终保持开放、宽容的心态。在坚持自己的特色与优势的同时，不断反思和自我批评，总结经验教训，寻找改进的力量和方法，以海纳百川的胸怀和气魄，博采众长，成就卓越。

创新求先——创新是企业永续发展的灵魂，新城控股强调与时俱进，持续保持危机感和创新力，勇于突破，敢于争先，持续创新，不断超越，努力成为行业领先的标杆企业。

合作共赢——新城人坚信精诚合作、共生共赢的力量。在尊重市场原则的基础上，与企业相关方密切精诚合作，关注、支持企业相关方的发展需要，也受益于企业相关方的发展。

4. 企业基因：骆驼精神

要像骆驼一样，形成一支有组织、有纪律的团队！

要像骆驼一样，在艰苦的环境下扛住最大的压力，有耐力、有动力！

要像骆驼一样，坚定信心，不讲困难，只讲方法，执着地向既定目标前进！

5. 企业精神：诚实做人，踏实做事

人生和企业，归纳起来主要有两件事：做人和做事。只要把这两件事做“实”了，就有了安身立命的基础。新城人主张以真诚之心善待每一个人，以工匠精神做好每一件事。诚实做人意味着坦诚待人，勇于担当，对自己负责，对他人负责，对企业和社会负责。踏实做事意味着勤勉认真，注重结果质量，也意味着思考的系统性、做事的高效率。

6. 新城员工文化行为指引——“六提倡、六反对”

提倡诚信务实，反对弄虚作假。

提倡简单直接，反对溜须拍马。

提倡以身作则，反对只说不做。

提倡开放包容，反对拉帮结派。

提倡对标反思，反对故步自封。

提倡节约从俭，反对铺张浪费。

7. 新城徒步文化

新城控股的徒步文化早已深入人心，“鸿途”与“真途”两大徒步活动是新城人践行企业文化、传承骆驼精神的重要载体。

（1）“鸿途”徒步挑战赛。

“鸿途”徒步挑战赛已举办 4 季。每一季赛事，新城控股都组织中高管前往敦煌、阿拉善、张掖等地，在严酷的环境下完成 3 ~ 4 天的徒步挑战，在此过程中磨炼管理者的意志、提升管理者的心力、促进管理层的融合，深刻践行企业文化，传承新城骆驼精神。

2019 年 10 月 5 ~ 8 日，新城集团鸿途徒步挑战赛第四季在“塞上江南”张掖顺利进行。从起点壕哇沙漠到终点平山湖，途经戈壁、丹霞、沙漠、河床等地貌，250 余名中高管和合作伙伴代表坚定目标，团队协作，成功完成 88 公里的鸿途挑战，用脚步再次践行了新城的骆驼精神和奋斗者文化。

此外，每一季挑战赛都会从历届校招生中选拔业绩佳、体能好的优秀新睿作为“政委”参与其中。通过封闭式体验，他们不仅磨炼了自身，铸造了内力，还能近距离与高管团队精诚合作，用行动体悟驼行力量，强化团结奋斗制胜意识。

（2）“真途”大型徒步行动。

“真途”徒步是新城控股倡导健康乐活、凝练团队意志的传统文化活动，已经举办了 7 季。每年春季，新城控股全体员工在同一天阔步开走，展现了新城人昂扬向上、无惧挑战的斗志和活力蓬勃的团队风貌。同时，也以此方式来磨炼新城人的意志品质，融合团队力量，发扬脚踏实地、驼行致远的新城精神。

2019 年 4 月 20 日，新城控股开展了以“携手同新 · 众行致远”为主题的第七季“真途”徒步活动，新城集团数万名员工在全国 100 多个城市，以昂扬的状态，直面挑战，携手同心，共同踏上了“幸福新征程”。

总体来说，新城控股企业文化的特征是简单务实。新城控股新员工入职访谈报告统计发现，超过 95% 的新员工表示，“领导亲和且人际关系简单”是他们加入公司之后最深的感受，这也从侧面反映了新城控股企业文化的魅力。

（四）企业荣誉

在 26 年的发展历程中，新城控股在经营能力、成长性、创新力等多个方面表现均非常优异，获得了诸多奖项。在雇主口碑方面，截至 2019 年 7 月，新城控股已连续 14 年获评“中国优秀雇主企业”，13 次荣获“中国最佳雇主”称号，11 次荣获“中国大学生喜爱雇主”称号。这些殊荣，也反映了新城控股“以人为本”的人才理念，真正把员工视为公司最宝贵的资产。

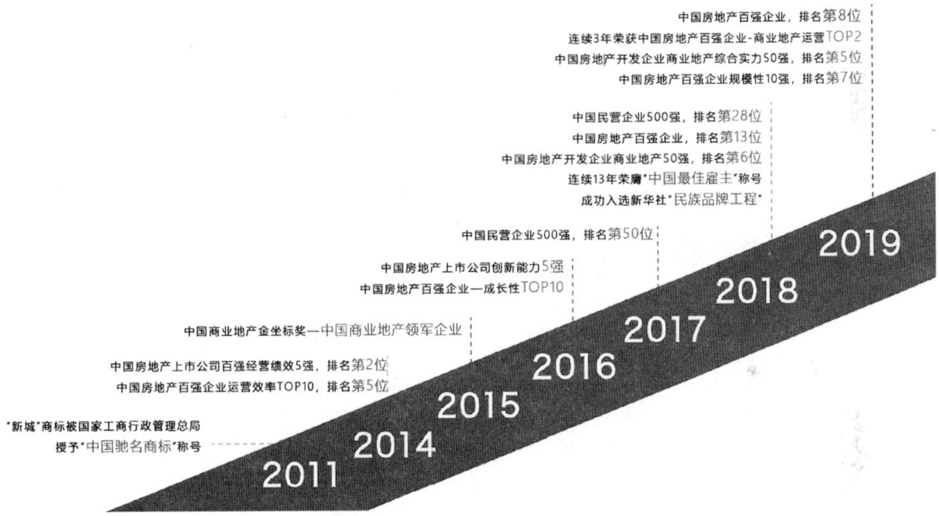

新城控股历年所获代表性荣誉

（五）社会责任贡献

新城控股始终积极承担企业社会责任，从多养人、多纳税、多做慈善三个方面为社会作贡献。2017 年新城控股缴纳税款 75 亿元，带动就业 20 万余人；2018 年缴纳税款 183 亿元。

新城控股公益品牌“七色光计划”于 2013 年创立，希望以企业之力搭建一个连接全社会的公益平台，号召人人参与公益，支持中国公益事业的发展与进步。“光彩图书馆”是“七色光计划”于 2013 年在教育平权板块推出的核心项目，项目宗旨是消除城市和乡村之间的知识鸿沟，为乡村儿童提供良好的阅读环境，培养他们对阅读、对知识的兴趣。截至 2019 年 10 月，“光彩图书馆”的足迹已遍及 14 个省份 48 所乡村小学，捐献图书 11 万余册，有 400 余名来自全国各地的志愿者参与，使近 7000 名学生获得帮助。

新城控股积极响应国家关于打好“脱贫攻坚战”的部署，专门成立扶贫办公室。2018 年新城控股已累计捐赠各项扶贫资金达 5880 万元，其中在云南、贵州累计已捐赠 1900 万元专项扶贫资金。新城控股在社会公益事业上的投入已累计超过 3 亿元。未来，新城控股还计划在贫困地区投入更多资金，以产业力量推动当地扶贫事业，改善城乡面貌，为社会的发展和进步积蓄更多资源与力量，为社会幸福生活赋能。

人力资源体系

RENLIZIYUANTIXI

（一）人力资源数据

1. 团队年轻，富有战斗力

截至 2019 年 11 月，新城控股员工总数逾 28000 人，员工平均年龄约 30 岁。其中，“80 后”“90 后”新生代快速崛起，两者合计占比达 91.7%，已成为公司员工队伍的中坚力量。总体来看，公司员工团队整体年轻且有活力，富有战斗力。

2. 学历较高，员工精英化

新城控股具有大学本科及以上学历的员工人数占比超过 80%，整体学历和素质水平较高，为新城控股带来强有力的人才竞争优势。在此基础上，新城控股近年来陆续引进了近百位博士，进一步为公司的持续发展注入了高素质新鲜血液。

3. 团队稳定，充满凝聚力

新城控股员工队伍充满了凝聚力，员工离职率连续多年低于行业平均水平，且近 5 年的离职率更呈现稳步下降的趋势。以总裁级别的高管为例，新城控股高管团队在近 3 年的离职率为零且平均司龄长达 9 年以上，其中 17 名高管已为公司服务 15 年以上，属于业内标杆。

（二）用人理念

新城控股一贯倡导“员工是公司最宝贵的资产”的人才理念并努力践行，致力于为员工提供空间广阔又有挑战性的工作，轻松又和谐的工作氛围，完善的培训机制，以及具有竞争力的薪酬福利，从而吸引并发展优秀人才成为未来的商业领袖，为企业创造价值，实现员工与企业共同成长。

具体来说，公司通过“搭舞台、摆擂台、建平台”的人才管理机制，不断提升人才的能力素质，构建公司核心竞争力的人才优势，实现人才与公司的共赢。

“搭舞台”即促使人尽其才，助力每个人的潜能和优势得以充分发挥，确保员工“施展有舞台”。

“摆擂台”即始终强化绩效导向的文化，通过透明机制促成良性竞争，促使优秀的公司与个体不断涌现，激励员工“提升有擂台”。

“建平台”即构建健全的人才发展通道，设计极具竞争力的薪酬水平和模式，让员工“保障有平台”。

最终实现“能者授职、功者授禄、勤者授誉、惰者诫勉”。

（三）培训体系

为支撑公司战略，加速有质量的人才培养工作，新城控股于 2017 年正式成立实体企业大学——新城商学院，由 10 余名培训专职人员组成专业运营团队，负责全集

新城商学院

团员工培训项目的设计和实施。仅 2019 年 1 ~ 11 月，新城商学院已组织培训开班 248 场次（不含各公司 / 专业条线组织的培训），覆盖 20776 人次，第三方培训满意度达 95%。在 20 多年人才培训实践基础上，新城商学院以“驼行千里，致知于行”为校训，打造了一套完善的培训体系。

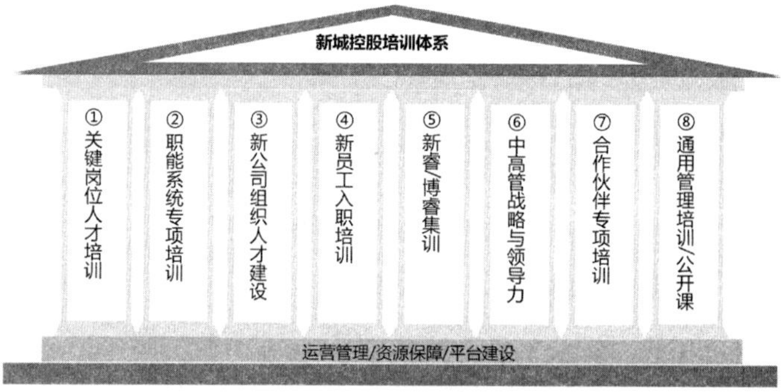

新城控股培训体系

1. 课程完善，全方位、成体系

新城商学院凭借完善的人才梯队建设机制及培养发展规划，保障了各个职业发展阶段的员工都能参与到培训赋能学习中。同时，课程方案将根据一线业务的需求实时调整，真正做到“培训聚焦业务问题的解决”。

新城商学院各培训项目与方案

此外，针对城市总经理、项目总经理等骨干 / 高潜人员，还设置了明驼、骏驼、鸿驼、领驼等培养项目，帮助各层级员工进行“知识体系补给”和“业务能力充电”。

2. 训战结合，优体验、高质量

新城商学院的授课讲师以公司高管、业务骨干和外部特邀专家为主，在授课人员标准上严格把关，所有讲师需经过认证后方可参与授课，确保授课质量。

公司高管：董事长多次出席培训开班典礼，并参与学员结业答辩；总裁级领导也会在不同班级与学员分享自己在专业领域上的独特见解，以大视角再加入实际案例，给予更高层面的知识输出。

董事长及总裁们现场授课

业务骨干：区域总经理、城市总经理、各部门 / 各条线负责人积极参与到商学院组织的培训授课中，将实践经验带入课堂，为学员们分享自己业务上的独到见解与行动秘籍。

多样化的培训形式

外部特邀专家：商学院会不定期邀请各专业领域的专家学者，为学员带来丰富的学习体验与最前沿的实时资讯，如：

➢ 上海市政协副主席，民建中央副主席，上海市社会主义学院院长——周汉民

➢ 复旦大学经济学博士、教授，中国发展研究院执行院长，中国发展研究中心主任——陆铭

➢ 著名经济学家，清华大学经济学研究所博士后研究员，中央电视台两会政府工作报告点评专家——李江涛

➢ 知名谈判专家，上海世博会沟通培训师，上海电视台多家媒体专栏嘉宾——潘黎

➢ 华东师范大学心理与认知科学学院教授、博士生导师——席居哲

➢ 著名艺术家、批评家，四川美术学院教授、研究生导师——王南溟

3. 线上学习，广覆盖、促分享

为帮助员工养成持续学习的习惯，促进员工能力提升，新城商学院还打造了内部在线学习平台——“新城 e 学”。截至 2019 年 11 月，平台共有 18232 个“知识”，2628 门课程，其中有近半数为新城控股自主开发课程，涵盖集团总部及各事业部各类业务学习要点与知识精粹。据统计，新城控股员工平均登录学习率达 95% 以上，“新城 e 学”已成为公司各类知识沉淀与经验分享的重要平台。

“新城 e 学”学习界面

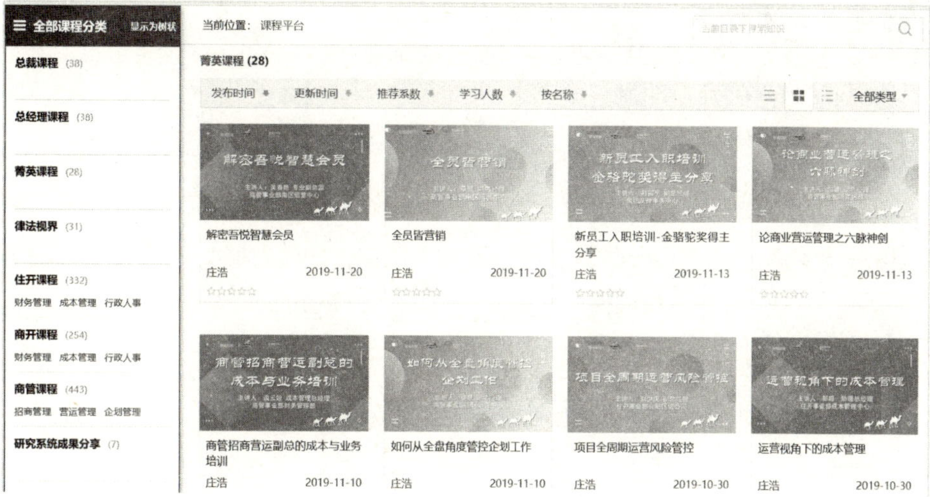

“新城 e 学”学习界面

4. 对标国际，广认可、获殊荣

新城商学院对标国际级优秀公司，积极参与 ATD 等国际化的人才发展年会，提升人才发展内功，已经在业界具有显著影响力，已有多家公司前来新城控股取经交流。新城商学院也获得了多家权威机构的认可并授奖，如：

2017 年度中国人才发展菁英奖——最佳学习项目；

2018 中国学习与发展价值大奖——最佳实践奖；

2019 中国商业学习新年峰会最佳项目实践奖；

2019 年度中国人才发展菁英奖——创新企业。

新城商学院所获奖杯和证书

（四）人才发展

1. 科学公平的评价机制

新城控股已经构建了科学完备的人才评价体系。首先，绩效考核简单透明。所有员工的绩效由直接和间接上级进行双重打分，确保了考核结果的公平公正，每一位新城员工均知道自己的绩效考评结果和排名情况，如果有疑义可以向公司进行申诉。其次，通过半年和年终两次绩效面谈，每一位员工可以充分和主管领导交流工作，找到不足并发掘优势。

同时，新城控股每年在半年度和年度会组织两次 360 度测评，通过业绩、能力和文化匹配度等多方面对员工进行评价，最终通过“人才九宫格”对员工进行盘点，找到真正的高潜人才并提供更多的培养关注，促进人才发展。

2. 宽广快速的晋升空间

新城控股构建了完善的内部晋升机制，包括半年度和年度两次常规化晋升及不定期内部竞聘等多次晋升机会（如住宅开发事业部—点将计划、商业开发事业部—活水计划、商业管理事业部—职等奋斗者计划等），鼓励员工在新城控股这一宽广的平台上不断奋斗，实现与公司的共同成长。

截至 2019 年 11 月，新城控股近 65% 的中高管从内部晋升而来，平均每年有超过 30% 的员工表现优异，获得晋职晋薪，迈上更高的职业台阶。未来，新城控股将吸纳更多人才在这里实现梦想、创造价值！

员工竞聘活动海报

3. 通畅有序的发展通道

新城控股积极打通员工职业发展通道，构建了专业序列和管理序列“双通道”职业发展体系。在新城控股，既可以“专业发展”最终成长为业务专家，也可以“综合发展”成为管理骨干，两者在一定阶段还可以相互转换，能有效地满足每位员工的职业发展诉求。

（五）员工关怀

一直以来，新城控股致力于构建“健康乐活，幸福奋斗”的文化氛围，让员工在简单、开放的环境中安心、踏实地工作。同心者同路，新城也始终把对员工的关怀切实落到行动上，通过立体化的保障机制和人性化的关怀举措，让员工既感觉到归属感，又充满收获感。

1. 员工敬业度调研，主动改善工作环境

新城控股每年与专业咨询机构盖洛普联合组织开展员工敬业度调研，通过 Q12 标准调研模型，倾听员工心声，了解员工对工作环境的诉求，督促各级管理者营造敬业环境，寻找组织运营改善点，打造“人尽其才”的工作氛围。截至 2019 年 11 月，敬业度调研在新城控股已推行了 3 年，且每年调研得分均持续提升，不断优化公司与员工双赢的健康发展模式。

2. 全方位员工福利，为无忧奋斗保驾护航

新城控股按照国家法律规定和标准为每一位员工提供应有的福利保障，同时，根据公司制度给予员工全方位的额外福利，包括年度体检、节日福利、工作餐补贴、通讯补贴、外派补贴、高温补贴、贺仪慰问、购房优惠、商业保险等。

3. 人情味员工关爱，不断提升幸福感

新城控股注重对员工生活和情感的双重关怀，组织开展家庭开放日、趣味运动会、辩论赛、新城好声音、幸福酒吧等形式多样的员工活动，帮助员工平衡工作与生活，塑造积极向上的精神面貌。在新城控股，还有最热血、最青春、最精彩的各大员工兴趣俱乐部——激情四射的足球俱乐部、有颜有“肉”的健身俱乐部、演技在线的狼人杀俱乐部等，成为员工情感交流、释放天性、愉悦身心的最佳场所。

一年四季，员工时常会收获暖心惊喜，从“女神节”礼物到高温慰问，从“粽”情蜜意到月圆幸福时，从百变生日会到圣诞红人礼，各式各样不定期的有爱点滴，极大地提升了员工的幸福感。

新城控股员工活动 / 福利展示

校招概况
XIAOZHAOGAIKUANG

（一）校招数据

新城控股自 1999 年开始招聘应届大学生，截至 2019 年 7 月，累计招聘新睿 1503 人，仍然在职的新睿人数达 1166 人，整体保留率约 78%，近 5 年新睿保留率更是超过 83%。可见，新城控股是一家值得托付的优质企业。

（二）人才画像

（1）在高校方面，新睿大部分来自国内外知名高校。其中，重庆大学、同济大学、东南大学、华中科技大学、南京大学是新睿录取人数最多的国内高校。在海外方面，哈佛大学、伦敦国王学院、帝国理工学院、南洋理工大学等高校的毕业生占比接近15%。

（2）在学历方面，新睿总体以硕士、博士为主，占比约72%，同时也有大量的优秀本科毕业生，占比约28%。

（3）在专业方面，新睿大部分来自土木、设计、经管、文法等相关专业。除了部分岗位专业强关联之外，新睿的大部分岗位机会不限专业，更加看重能力素质与公司的匹配度。

（4）在素质方面，要求所有的新睿候选人需具备以下至少一项突出的亮点：学习成绩突出、科研成果突出、学生社团突出、实习经验突出、大赛表现突出。

（5）在特质方面，希望新睿具备“小骆驼”的品质，在面试时将重点考察新睿候选人是否具备以下特质：

➢ 驼心：志向远大、自信主动、内驱力强；
➢ 驼智：学习反思、分析逻辑、问题解决；
➢ 驼行：简单真诚、团队合作、踏实务实。

（三）招聘亮点

1. 多品牌联动

新城控股校园招聘包含多个校招品牌，可为广大学子提供充足的就业机会及职业发展平台。

新睿计划是新城控股主打的校招生项目，是面向全球应届生所定制的精英人才招募培养计划，核心目标是帮助应届生尽快实现职场蜕变，成长为中高级管理者或业务专家。招聘范围涉及集团总部、住宅开发事业部、商业开发事业部和商业管理事业部，招募岗位包括投资、设计、工程、成本、招采、营销、融资、法务、财务、人力、审计、战略、品牌客服、资产管理、信息管理等。

此外，新城控股营销业务板块推出“筑梦生计划”，培养销售类专业人才；商业管理业务板块推出“新悦计划”，培养商业项目公司业务管理人才；建筑设计业务板块推出“森睿计划”，培养设计领域高技能人才或管理骨干；造价业务板块推出“新慧计划”，培养造价领域的业务技术专家或管理人才。

2. 总部统招统分

新城控股新睿校园招聘实行总部统一招募、分配和培养的模式，不同于通常的属地化直接招聘的模式，大部分新睿在入职之初，都将在总部进行短期或长期的学习培养，该模式也具备更多优势。

➢ 照顾工作地点个性需求：新城控股可提供全国 100 余座城市的工作机会，既支持北上广深一线城市发展，也支持回家乡城市发展，学生可根据个人意愿进行自由选择。通过统招统分，打破地域壁垒，支持学生在短、中、长期对于工作地点的诉求。

➢ 帮助构建宏观知识体系：新睿入职之初，在总部可以接触到集团层面的管理工作，有较多参与重要业务会议的机会，能看到来自各区域、地区一线的业务成功案例。这些均能帮助新睿构建良好的宏观业务知识体系，拓宽视野。

➢ 利于积累公司人脉资源：通过多次的新睿集训，很多新睿会成为挚友，在工作中可以互帮互助、资源共享。同时，新睿在总部可以结识更多工作经验丰富的高能级领导，除了能得到更多有益的指导外，还可以在公司制度范围内，争取到更多的管理资源，有利于自身业务工作的开展。

➢ 确保获得标准精英培养：在新城控股，新睿的培养由各单位业务部门、人力资源部门和新城商学院三者共同承接，而新睿计划的核心培养项目均由总部统筹设计和实施。该模式可以有效防止因不同区域、地区公司发展阶段不一致、人力资源管理水平不一致所带来的培养标准参差不齐的问题。

3. 总裁级高管参与

新城控股对新睿的重视体现在总裁级高管会参与到招募培养过程的各个阶段。在招聘时，总裁们会到现场进行主题演讲，分享行业、求职、职业规划等新睿们最关注的内容，从过来人的角度充分答疑解惑；在培训时，董事长、多位总裁会参与授课，分享自己在专业领域的独到见解和职业生涯点滴，为新入职的新睿们指点迷津；在后续培养中，还有多位总裁亲自担任带教人，通过言传身教，为更多优秀的新睿提供“一对一”指导，助力其快速成长。

4.“一站式”面试

由于总部统招统分，面试组织通常采用“一站式”面试的模式，无须在站点面试后再由各区域、地区公司组织后续多轮面试。此举在校招高峰期切实为毕业生们节省了面试时间，打造出更佳的面试体验。如在 2020 届新睿校招中，新城控股连续走进全国 25 所高校进行宣讲招聘，足迹遍布上海、南京、北京、天津、武汉、重庆、西安等城市，简历筛选、测评、初试、复试、终试等环节均在所在城市完成，所有流程精简高效，所需时间仅为 2 ~ 3 天。

（四）培养计划

新睿是新城控股未来发展的中坚力量，公司高度重视并充分关注其成长与发展。历经 20 多年的培养实践和持续优化，新睿计划已经成为“发展规划清晰、培养保障完备、带教机制完善”且具有一定业界知名度的培养品牌，并荣获 2018 中国学习与发展价值大奖之“最佳实践奖”。

1. 发展规划清晰

新城控股结合多年大学生培养实践经验和公司完善的培养体系，为新睿制定了清晰的“3-6-9”成长发展规划，即 3 年成长为经理层、6 年成长为管理层（总监 / 副总级）、9 年成长为运营层（总经理 / 总裁级）。该规划既能保证新睿们按照规划快速实现职业发展，更能确保每一位新睿在晋升前都经历系统、全面的培训和充分的在岗实践，避免“揠苗助长”，为其长远的职业生涯打好坚实基础。

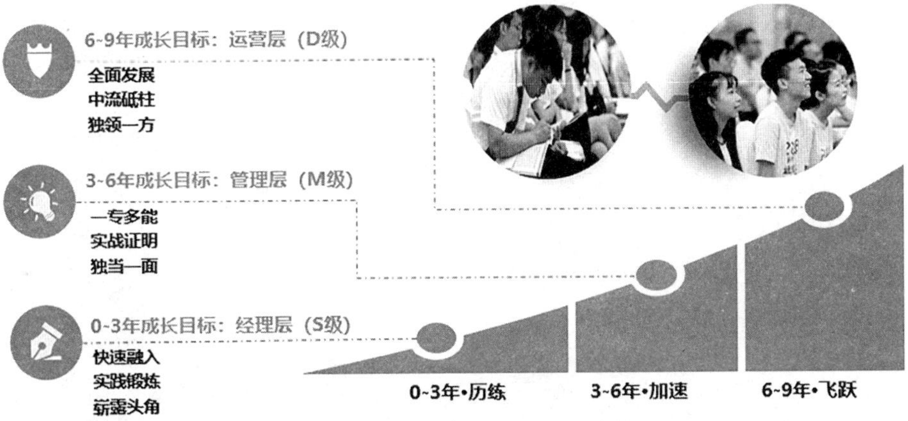

新睿“3-6-9”成长发展规划

2. 培养保障完备

在新睿迈向管理层的核心成长阶段（前 6 年），新城控股构建了完备的培养保障体系，通过动力营、集训、轮岗学习、带教培养、高管面对面、转正答辩、课题答辩、课题研究、定期回炉培训、商学院关键人才培训等方式，保障新睿在每一个小阶段均能按既定规划实现成长目标。

同时，在新睿入职 1.5 年后，新城控股将通过人才盘点挖掘高潜新睿并安排在总裁级高管身边担任助理，从而得到更加战略性的业务指导，全面拓宽业务视野与提升专业能力，实现更加快速的成长。

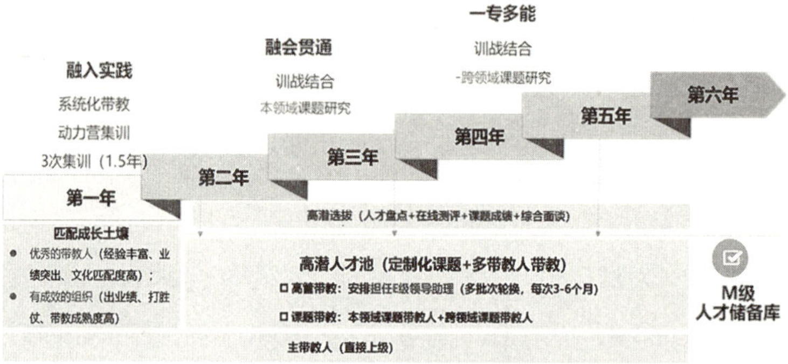

新睿培养阶段目标和培养方式

新睿回炉培训

3. 带教机制完善

新城控股基于实践构建了“1+X”带教人带教机制和星级带教人激励机制，使带教真正地落到实处，助力新睿实现“早融入、快成长、高绩效”的培养目标。

“1+X”带教人带教机制：公司会为每一位新睿配备一名主带教人（类似“班主任”）和数名辅带教人（类似“各学科老师”）。主带教人主要对新睿的日常工作和职业发展进行指导，辅带教人主要帮助新睿在课题研究阶段进行本专业或跨专业领域的辅导带教。

星级带教人激励机制：为促使带教人自动自发地完成带教工作，新城控股构建了以“带教积分”为核心的星级带教人激励机制，并同步开发了可视化带教积分管理系统。该机制将新睿的成长和带教人利益挂钩，新睿成长越快、表现越好，则带教人“挣”到的积分越多、受到的激励越大，从而使带教人主动、持续地关注新睿的成长表现，形成了教学相长的良性循环。

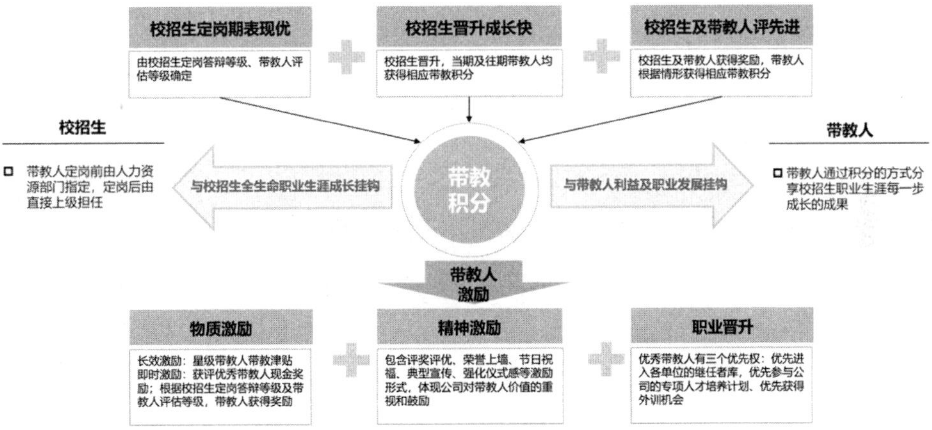

星级带教人激励机制全景图

（五）晋升与考核

为保障新睿有充足的成长和试错机会，新城控股设置了成长保护期。在保护期内，新睿可以在工作实践中不断地磨炼、探索和积累经验。同时，新睿的人才盘点与社招员工独立，只要业绩与能力达标即可实现晋升。目前，有近 30% 的新睿提前实现既定发展目标。

同时，对于新睿的成长发展，新城控股会全程关注和阶段复盘。如在新睿入职后第 3 年、第 6 年和第 9 年的关键节点，人力资源部门会组织阶段性的新睿成长盘点，评估当届所有新睿的成长情况，了解每一位新睿的成长状态，同时对优秀的但未按规划晋升的新睿进行晋升调整和试岗锻炼。

（六）薪资福利

新城控股构建了全方位、全周期的薪酬体系，除工资、奖金和各类福利补贴外，还有跟投、共创共享、股权激励等丰富的激励形式。近年来的薪酬对标显示，新城控股员工薪酬水平位于市场 75 分位以上，具有较强的市场竞争力。

对于应届毕业生，新城控股同样提供行业领先的薪酬水平。以 2020 届新睿招募计划为例，本科生首年综合年薪 15 万 ~ 20 万元、硕士生 20 万 ~ 25 万元、博士不低于 40 万元，以上仅为工资和奖金。此外，新睿随着“3-6-9”发展规划快速成长，也会伴随不断加薪，从而获得更加体面的收入回报。

四 总结

ZONGJIE

在 26 年的发展历程中，新城控股始终坚持社会招聘和校园招聘“双翼齐飞”的人才战略，并形成了独具特色的校招生招募和培养体系。

经过多年的培养实践和行业对标，新城控股认为领先的校招生培养模式需具备五个要素：高层的重视、清晰的规划、务实的培养、尽责的带教和充分的岗位历练机会，缺一不可。

因此，在五个要素上，新城控股投入大量管理资源和力量，做实校招生培养。

1. 高层重视

董事长、总裁级高管参与校招生招募和培养的各个环节，部分高管更担任带教人，一对一指导校招生职业成长。

2. 规划清晰

新城控股为校招生提供清晰的发展规划（如新睿“3-6-9”发展规划），所有校招生均可以找准职业发展方向并为之努力。

3. 培养规范

新城控股成立了实体企业大学——新城商学院，通过完善的培养体系、规范的培养项目，支撑每一位同学的成长发展诉求。

4. 带教完备

新城控股是行业内少有的将带教写入公司制度的公司，这从制度层面保障了带教效果，帮助校招生快速入门，不仅扶上马，还送一程。

5. 机会充足

2018 年，新城控股位列十强房企销售增速第 1 位，并且仍然保持着快速发展状态，能够为校招生提供大量岗位历练机会。

新城控股始终坚持“员工是公司最宝贵的资产”的人才理念，期待更多的优秀应届毕业生加入，一起让幸福变得简单。

新力地产

组织高成长　人才高成长

5

CHAPTER

主编推荐语

创业于 2010 年，成立仅九年的新力地产，已经进入千亿元房企梯队，并成功实现香港上市，刷新房地产企业快速成长的纪录。在业务和组织规模不断扩张的同时，新力地产紧抓人才培养和文化建设，提出“璀璨星空”的文化理念体系，以“新五力”价值观为核心，牵引人才的选、用、育、留，培养出一支高凝聚力的人才队伍，并通过给他们快速发展的机遇和舞台以及丰富的培训学习机会，实现人才与企业的共同发展。

企业概况

QIYEGAIKUANG

新力地产集团有限公司（以下简称新力地产）总部位于上海，为国家一级房地产开发资质企业，是一家以房地产开发为主营业务，集商管、物业、教育、健康、社区便利等多板块产业于一体的综合型集团公司。2018 年，新力地产销售额近 900 亿元，客户满意度 85.8%，处于行业领先水平。

新力地产已进驻苏州、无锡、昆山等长三角区域，惠州、广州、珠海、中山等珠三角区域，南昌、武汉、长沙等中部区域，成都、绵阳等西部区域，共 34 城 100 余个项目。在品质地产中，新力地产是“新锐”；在地产服务中，新力地产有争当“先锋”的决心。

九年来，新力地产以“品质新锐、服务先锋”为品牌定位，不断提升市场影响力与品牌竞争力。2019 年 11 月，新力地产于我国香港联交所主板成功挂牌上市（股票代码 2103.HK），成为首家港股上市的赣系房企。过去九年的耕耘，为新力地产奠定了坚实的基础。可以预见，新力地产上市后的步伐将越走越稳健。

新力地产坚持以优秀企业公民角色自觉承担社会责任。2017 年，“新力公益基金会”成立，通过企业、员工、业主、社会公众的共同参与，以爱心传递社会责任，并实践社会美学。

（一）企业历程

1. 启程——2010 年

新力地产注册成立；

拍得南昌经开首宗地块。

2. 蓄势——2011 年

拍得南昌朝阳地块，打造首个豪宅项目“新力 · 洲悦”；

“新力物业”成立，完善房地产服务领域。

3. 锋芒——2012 年

新力地产首个项目“新力 · 帝泊湾”惊艳面世，引发同行竞相学习参观。

4. 绽放——2013 年

确立“悦”“园”“湾”三大住宅产品线，开启新力住宅时代。

5. 荣耀——2014 年

成立“有家便利”，涉足社区便民领域；

构筑“品质住宅 + 生活服务”双翼齐飞的发展模式。

6. 裂变——2015 年

荣登江西地产三强榜，3 盘运作激增到 15 盘；

成立新力商业，开发管理大型商业购物中心；

确立地产、物业、商业三大业务领域的战略格局。

7. 力拓——2016 年

成为江西本土龙头房企，全线升级战略布局，落子武汉、惠州、苏州等地，完成百亿百强目标；

成立“心力教育”，进军教育板块，完善“房地产+”的产业布局。

8. 争强——2017 年

跻身中国房地产 50 强，总部迁至上海；

获得全国物业百强殊荣，新力物业服务实力获得认可。

9. 明志——2018 年

发布全新品牌定位：品质新锐，服务先锋；

确立“新五力”企业文化理念体系。

10. 敢为——2019 年

城市深耕战略稳步推进，版图进一步扩大；

上市。

（二）主营业务

集地产、商管、物业、教育、社区便利、健康等业务于一体，一个面向未来的发展格局已然形成。从居住服务到社区配套，新力地产围绕居住空间不断构筑完整的生态系统，为消费者提供高品质服务的同时，推动城市经济的发展。

1. 新力地产

新力地产 2010 年创立于江西南昌，现总部设于上海，是一家以房地产开发为主营业务的集团公司。为匹配地产业务发展，外延出独立的物业、商管、教育、社区便利等产业，共同打造全生命周期的生活配套服务。

新力地产已发展出“悦”“园”“湾”三个面向不同层次需求的住宅产品线。同时，积极拓展社区型商业体、区域级商业综合体、城市级商业综合体三类城市综合体，以及多功能精品公寓和超甲级写字楼两类商业创新项目，共同构成地产三大体系、八大产品线。

目前，新力地产已完成中部、长三角、珠三角、西部四大区域布局，进驻 34 个城市，累计开发项目超过 100 个，不断为业主提供舒适家园。

未来，新力地产将始终秉承“品质+服务”的企业基石，以“品质新锐，服务先锋”为品牌定位，在为消费者营造高品质生活的同时，不断推动城市经济的发展。

2. 新力物业

新力物业集团有限公司（以下简称新力物业）成立于 2011 年，为江西省物业管理标杆企业，是国内新锐的全产业链·产城综合服务商，系中国物业管理协会会员单位、南昌市物业管理协会副会长单位。

目前，新力物业已发展为业务布局上海、广东、江苏、浙江、江西、湖南、湖北等 11 个省市 38 座城市 240 余个项目，团队规模 8000 余人的集团公司，成为江西物业行业的龙头企业。

新力物业积极发展多元化业务，服务范围涵盖高端豪宅与各类刚需和改善型住宅、SOHO 公寓、商务政务办公楼、企业总部、产业园区、商业、城市综合体、体育场馆、学校、医院、市政服务、公建场馆、团膳，以及营销中心配合、高端商务接待、行政前台、体育赛事服务、文体活动策划组织等配套服务。

3. 新力商管

新力商业管理有限公司（以下简称新力商管）成立于 2015 年，主要专注于购物中心、共享办公、酒店等商业资产的运营与管理。新力商管成立至今，始终坚持深耕、精品、服务三大发展战略，致力于成为城市精品商业运营商，依托新力地产“4+X”发展战略布局全国，持续以更高标准的商业品质及服务构筑美好城市生活。

4. 有家便利

有家实业有限公司（以下简称有家便利）是由新力科技首期斥资 10 亿元创办的专业连锁便利店，旨在将“有家便利店”打造成为“便利店第一品牌”。有家便利 2017 年 5 月从南昌起步，至今已经发展到武汉、长沙、广州、深圳 4 座城市。截至 2019 年 12 月，门店数即将突破 500 家，其中 98% 的门店为 24 小时经营的连锁便利店。

有家便利以践行“让生活更便利、让城市更温暖”为企业使命，倡导便利、体贴、快捷、互联、有温度的现代生活方式，为进驻的每一座城市的发展与生活方式的进步，付出最大的投入与努力；从店铺环境、服务标准、产品研发到商品陈列，为消费者提供最优质的购物体验，在服务、商品、消费三者间寻找精准平衡点，并赋予生活方式的更多可能性。

5. 心力教育

上海心力教育科技有限公司（以下简称心力教育）由新力地产于2016年投资兴办，是集学前教育、教学研究、管理于一体的综合性民办教育公司，与新力地产、新力物业、有家便利、新力商管共同打造高品质城市生活运营平台。

心力教育秉持“培养改变世界的中国精英”的企业使命，协同区域发展，促进教育资源均衡及优化配置，为业主及周边人群的幸福生活提供高品质教育综合解决方案。旗下已拥有培尔乐金沙湾幼儿园、培尔乐银湖湾幼儿园，并持续开发地产配套教育产业。未来，心力教育将以幼教业务为核心，以五大领域课程为教育基石，以自研SLF素质课程为引擎，延伸至学前教育全产业链，立志成为中国特色的素质教育领军品牌。

6. 新力公益

上海新力公益基金会（以下简称新力公益）由新力地产发起，正式注册成立于2018年1月18日，以“让无助者有力，伴年幼者成长，助不屈者坚韧，促善行者前行”为宗旨，秉承“新力有爱，益创无限”理念，为困境群体提供关爱服务，主要项目类型涉及紧急救灾、儿童福利、边缘救助、行业促进等领域。2018年，新力公益投入1000多万元在7个城市落地15个公益项目，年服务人数达67993人，服务达239271人次。与壹基金创建了中国房地产界的第一只备灾基金，积极响应江西省、云南省、四川省、贵州省国Ⅳ以上的灾情。在上海市民政局指导下，新力公益开启了第一个社区基金会领域的公益创投，驱动全上海60%的社区基金会参与，共收集102份项目申请，资助69个社区项目，共计23670名社区居民受益。

2019～2020年，新力公益捐赠超过5000万元，在江西省民政厅、江西省扶贫办、江西省文明办、共青团江西省委的共同指导下，发起“新・扶贫计划”，旨在江西省范围内联合中国扶贫基金会等机构，打造扶贫、养老、产业、社会四大项目，摸索有效的扶贫之路，积极投身中国的扶贫攻坚事业。

（三）企业文化

新力文化的核心是愿景、使命、价值观。

愿景是新力地产对未来前瞻性的判断，决定了新力人该往何处去。愿景的选择，决定了新力地产的发展方向。

使命告诉新力人共同的追求是什么，它回答了新力地产存在的目的和意义。

价值观是新力人遵循的行为规范，共同的价值观让新力人凝聚在一起，形成“一个新力”的强大向心力，共同驱动新力地产发展之轮。

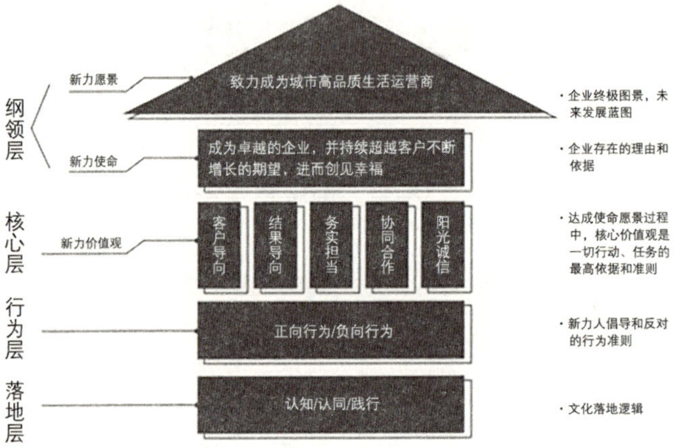

新力地产企业文化体系

1. 企业愿景

致力于成为城市高品质生活运营商。

新力地产坚持以人为本，尊重每一寸土地的价值，为客户打造全方位的高品质生活，不仅包括以人的需求和使用习惯为中心的居住空间，也包括高品质的服务；从居住空间到服务体系，从商业开发到城市配套，新力地产整合商业设施、居家服务、教育养老等资源配套，逐渐成长为承载幸福生活的全能生活运营商。

2. 企业使命

成为卓越的企业，并持续超越客户不断增长的期望，进而创见幸福。

卓越是一种追求，不断对自己提出更高的标准和要求，保持奋斗，永无止境；卓越最终体现为新力地产的产品和服务，新力地产以匠人精神为己任，专注产品品质，永远想在客户前面，比对手多做一步，踏实为客户服务，精益求精，不断前行。

新力地产不仅要满足客户的需求，而且要超越客户的期望，为客户创造惊喜，创见幸福无限。

3.“新五力”价值观

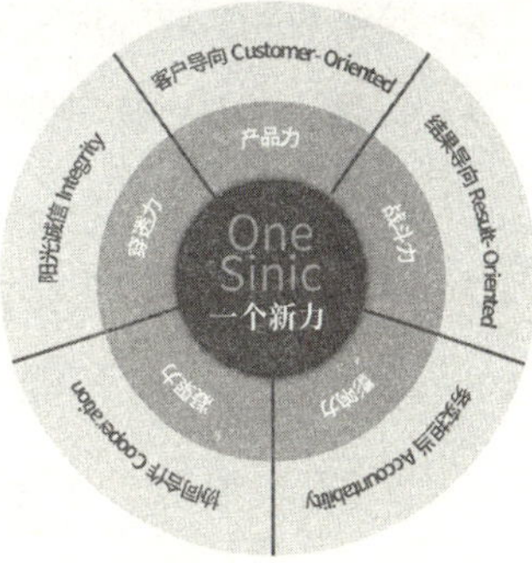

通过“新五力”价值观模型的打造，形成强有力的文化向心力，让“一个新力”的理念和声音深入人心，体现在每个人的行为中，以文化凝聚人心，用“新五力”驱动新力之轮快速向前，推动新力战略实现。

（1）客户导向——产品力。

客户为先，匠心品质，不断为客户创造价值。

（2）结果导向——战斗力。

快速高效，降低内耗，做正确的事和正确地做事，追求结果。

（3）务实担当——影响力。

撸起袖子带头干，以身作则，影响他人。

（4）协同合作——凝聚力。

同心协力，相互补位，有大局观，胜则举杯相庆，败则拼死相救。

（5）阳光诚信——穿透力。

简单阳光的体系，清晰并共识的目标，说到做到的诚信。

4. 正负向行为

新力地产价值观的正负向行为是全体新力人珍视、守护和尊重的行为，赋予了新力人行为的“正极”和“负极”，给行动指定了方向。因于新力文化，新力人会聚在一起，并步调一致，远离“负极”，流向“正极”，产生源源不断的动力。

（1）客户导向。

以客户为中心，为客户创造价值，以高品质的产品和服务满足客户需求，超越客户期待。

新力倡导：

- 坚持对产品和服务高标准、严要求，毫不妥协；
- 匠心品质，注重细节；

➢ 快速响应客户的需求，客户反馈的问题第一时间解决；

➢ 始终站在客户的角度考虑问题，为客户创造价值；

➢ 同时关注内部客户和外部客户。

新力反对：

➢ 对产品的打磨未尽全力，得过且过，容易妥协；

➢ 以自我为中心，不能站在客户角度考虑问题；

➢ 对客户过度承诺，无法兑现；

➢ 短视、急功近利，以一锤子买卖的心态面对客户；

➢ 将服务客户过程中出现的问题当作麻烦。

（2）结果导向。

结果是衡量一切的最重要标准，以实现目标为原则，以完成结果为标准，化繁为简，快速高效，不为困难所阻挠，不找理由和借口。

新力倡导：

➢ 做事情抓住重点，讲效率；

➢ 做出成绩才有话语权；

➢ 以绩效和成果作为评价自我和他人的标准；

➢ 调动一切资源，全力以赴达成结果；

➢ 目标明确清晰，化繁为简，以终为始。

新力反对：

➢ 等、靠、要，总是寻找理由和借口；

➢ 过于关注过程，只管流程正确，不求结果达成；

➢ 通过与自己的远近亲疏去评判他人；

➢ 上级安排的工作，不主动跟进和汇报，不了了之；

➢ 过于关注责任划分，不关注结果落实。

（3）务实担当。

做事讲究实际，以实际情况为出发点，按照客观规律办事，积极主动承担责任，并能身体力行，率先垂范，带领和影响他人一起采取行动。

新力倡导：

- 一经我手，我必负责；
- 少说多做，用行动来证明自己；
- 用实际行动检验想法，知行合一，不断总结和提高；
- 主动思考、积极推进，坚持做问题终结者；
- 身体力行，通过自己的行为影响和带动他人。

新力反对：

- 形式主义，生搬硬套；
- 一团和气、老好人，报喜不报忧；
- 唯上主义，拍马溜须，一味迎合上级而不敢提不同意见；
- 遇到问题首先摆困难，不全力以赴解决就轻易甩锅；
- 到处找问题、挑毛病，不求解决方案。

（4）协同合作。

以公司整体利益为重，主动沟通，通力合作达成共识，共同推动目标达成。

新力倡导：

- 议则百家争鸣，行则步调一致；
- 有大局观，站在公司立场考虑问题；
- 主动交圈，将信息传达给相关部门，相互确认、达成一致，形成闭环；
- 不推诿不抱怨，积极相互补位，与他人通力合作，实现共赢；
- 有同理心，善于倾听，站在对方立场考虑问题。

新力反对：

- 本位主义，只站在自我立场考虑问题；
- 遇到问题，推诿抱怨，相互指责；
- 发现问题不及时汇报，不主动沟通，故意掩盖；
- 没有将目标和要求主动传达给下属；
- 拉帮结派，山头主义，排挤他人。

（5）阳光诚信。

积极乐观，公开透明，直面问题，信守承诺，说到做到。

新力倡导：

- 信息透明，处事公开、公平、公正；
- 保持积极向上心态，充满激情和信心，愿意直面困难，接受挑战；
- 实事求是，公开表达自己的真实意见和想法，敢于说真话，敢于暴露问题；
- 言出必行，说到做到；
- 廉洁自律。

新力反对：

- 因个人私利影响公司利益；
- 传播公司负面言论，传递小道消息，故意散播谣言，背后议论诋毁；
- 利用信息不对称和不透明钻空子；
- 不切实际，过度承诺，欺上瞒下，说一套、做一套，言行不一致；
- 贪污腐败。

（6）新力通用红线八条。

文化从墙面到地面，内化于心，外化于行，固化于制，新力通用红线八条就是每一个新力人必须严格遵守的最后一道行为关卡。

①员工调动、离职等相关工作变动时，工作交接资料不全，存在敷衍了事、弄虚作假等行为。

②反对内部“迎来送往”：上级向下级索要礼品；下级给上级送礼等（金额超过500元）。

③安排不符合公司用人标准的“关系户”入职。

④从事兼职工作（未参与经营管理且不悖于公司利益的投资类行为除外）。

⑤发生各种徇私舞弊行为，包括但不限于晋升、调薪、考核评优、考试等工作。

⑥传播公司负面言论，传递小道消息，故意散播谣言，背后议论诋毁。

⑦保密意识淡薄，未经授权，泄露公司内部各类机密信息，包括但不限于重大组织调整、人事任免、员工通信录、在职人员履历、业绩等信息。

⑧贪污腐败。推荐单位并从中牟利，与相关供应商之间存在私下交易、弄虚作假，直接或变相索要回扣、好处费等，有职务侵占行为，给公司造成经济损失。

（四）企业荣誉

对品质与服务的不懈追求，对客户关系的高度重视，对员工发展的关照，对合作伙伴的真诚，对社会践行公益的责任，让新力地产在九年间收获了社会各界的多项赞誉。

2019 年荣誉

品牌价值 390 亿元；

中国特色地产运营优秀企业生态地产；

中国房地产百强企业成长性 TOP10；

中国人才管理技术典范奖。

2018 年荣誉

品牌价值 65 亿元；

年度品质地产综合大奖；

中国房地产开发企业区域运营 10 强；

中国房地产开发地产 50 强；

中国房地产最佳雇主企业。

2017 年荣誉

年度责任品牌奖；

中国房地产开发企业品牌价值华中第 1 位；

中国房地产综合实力营销铁军；

中国房地产企业并购能力 10 强；

中国物业服务百强企业；

中国房地产开发企业 100 强；

中国房地产最佳雇主企业；

中国房地产优质福利企业。

新力地产历年所获代表性荣誉

二 人力资源体系

RENLIZIYUANTIXI

（一）人力资源数据

截至 2019 年 11 月 20 日，新力地产板块在职正式员工 3763 人，平均年龄 31 岁，“80 后”“90 后”为主力军，占比分别为 45.36%、46.61%，两者合计 91.97%，“60 后”“70 后”占比分别为 1.14%、6.62%。新力地产对于员工的年龄不做特殊限制，但是依靠“新生的力量”这股冲劲，吸引了大量年轻有活力的人才。

自 2017 年 6 月，新力地产总部从南昌搬迁到上海，吸引了大量的人才，被称为“地产人才高地”。目前，不含置业顾问、后勤人员，持有大学以上学历人员占 98%，研究生及以上学历占 9%。从 9 年的发展时间线看，新力地产员工的整体水平较高，且随着校招规模扩张，大量吸纳子弟兵（新力量）人才，员工的整体学历水平也将不断提升。

（二）用人理念

1. 清晰的人才画像

精准画像才能精准瞄定，精准瞄定才能精准发力，精准发力才能高效打赢人才攻坚战。新力人力资源结合时代的人才特征，聚焦组织需求，系统地梳理了清晰的“人才画像”。

“有企图、有绩效、肯担责、肯成长”是对新力人才画像的精准概括。

“有企图”：目标感强，体系化好，投入度高。要能够抬头看天，善于总结、能复盘、心无旁骛。

“有绩效”：短期结果好，长期业绩佳，无道德问题。要能保证快速而且持续出成绩。

“肯担责”：承压性、主动性、合作性都非常高。要能够不畏艰难、负重前行且保持开放心态。

“肯成长”：能外派、拼得起、上得去，能够接受地产高地域灵活性的需求。

一张人才画像读懂符合新力需求的人才，大大节省了招聘成本，而且能把信息明确输出给候选人，避免错配浪费。

2.“721”战略型人才结构

新力地产人力资源为匹配集团发展战略，打赢未来千亿之战，已建立面向未来 3 ~ 5 年的战略型人才结构，通过大量招募子弟兵（新力量）夯实基座，通过全项目、全周期人才培养项目赋能腰部，通过配置战略突破级人才给火车头加满油，加强优质、高量级人才向前线流动，实现“721”战略型人才结构布局；夯实基础，聚焦关键岗位，打造人才供应链，未来 3 ~ 5 年，实现 80% 的关键人才来自内部供应。

（三）人才发展

1. 人才发展顶层设计

“人才是新力的核心价值，是企业的核心竞争力。”

——新力地产董事长　张园林

新力地产在业务快速发展的同时，也十分注重内部人才发展。通过不断地积累和沉淀，新力地产形成了独有的人才发展体系。从人才发展顶层设计层面，新力地产以“打造新力内部人才供应链，用人才为业务保驾护航”为使命，持续设计打造了五大系列赋能项目和两大基础类项目，配套五大人才培养机制，提升新力地产组织能力建设，推动战略落地和业务达成。

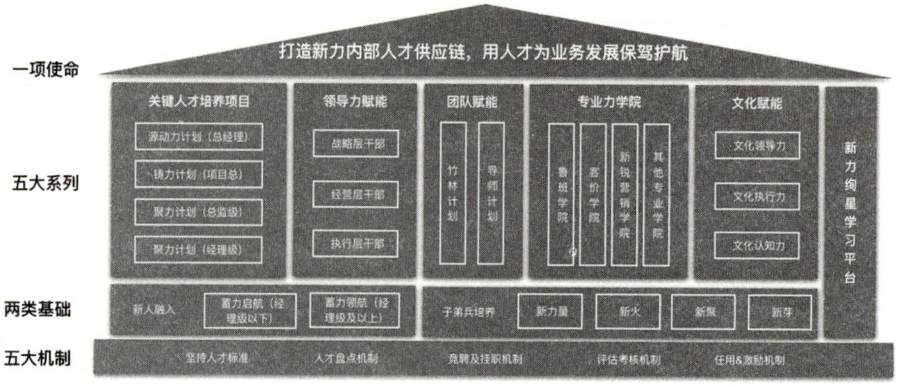

新力地产人才发展体系

（1）人才使命。

人才作为新力地产的核心竞争力，是新力地产走出江西、迈向全国的关键驱动因素。新力地产提出有限内部培养、内部晋升的理念，以“打造新力内部人才供应链，用人才为业务发展保驾护航”为使命，投入关键资源用于内部人才的评估、发展和考核，最终推动业务持续稳定发展。

（2）五大系列。

新力地产在人才发展方面采取聚焦策略，集中优势资源对关键岗位、关键能力、关键梯队进行赋能培训，通过重点的 20% 影响更多的 80%。

关键人才培养方面，新力地产建立了覆盖总经理、项目总经理、部门总监、职能经理以及各条线的人才发展系列项目，并将人才选拔、发展、上岗时间相结合，为新力地产培养了一大批符合新力地产特质的关键人才。铸力计划更是为新力地产培养了 42 名后备项目总经理，其中 28 人已经成功上任。

领导力发展方面，新力地产不断强化干部的能力发展，针对战略层、经营层和执行层干部，提出了不同的干部素质能力要求，并匹配不同的发展项目，帮助各级管理者提升领导力。

团队赋能方面，新力地产特别重视内部讲师梯队（竹林计划）和专业导师梯队（Star 星计划）的选拔、赋能培养和激励。从集团到各城市公司，都执行了标准化的讲师和导师培养、赋能、认证和管理流程。2019 年新认证的讲师及导师超过了 100 人。

专业力学院方面，新力地产鼓励有基础、有能力的条线建立专业力学院，从专业角度赋能各级员工，为员工提供更多成长机会。

文化赋能方面，新力地产特别重视对全体员工的文化赋能和宣贯。对各级管理者，新力地产提出文化就是领导力的观点，重点提升各级管理者的文化管理能力；针对全体员工，新力地产强化文化无所不在的视觉占领和理念植入，复制文化分享会、文化务虚会等，提升全员认同感。同时还培养了一大批文化引导师、文化大使、文化传播者（新小力梯队），助力“新五力”文化赋能和落地。

（3）两类基础。

对于新入职员工和应届毕业生，新力地产也量身定做了“蓄力计划”，即四大校招项目。蓄力计划目前已经在全集团执行，所有新入职员工都会经历入职学习、线下蓄力计划培训、线上 online 自学、“8848”软着陆计划、转正考核等环节，以快速融入新力地产。校招项目方面，新力地产设计了从校园合伙人、实习生到管培生的全套大学生培养项目，一把手亲自关注子弟兵（新力量）选拔、培养和发展，为新力地产的持续发展贡献未来核心管理者和业务骨干。

（4）五大机制。

新力地产人才发展秉承“新五力”文化要求，不仅仅停留于培训，更多地站在组织的层面推动人才发展。因此，新力地产建立了以人才标准为核心的五大机制，从人才标准、人才盘点、竞聘及挂职、结业评估、任用激励五个方面，以机制的形式将人才培养、选拔、评价、考核与激励相结合，将人才发展的理念真正地运用到员工的个人发展和组织的人才决策领域，长效地保障人才发展的结果落地，持续推动新力的组织能力提升。

2. 人才发展理念

新力地产基于对人才发展的重视，提炼了人才发展理念，即“1371 原则”，并一以贯之，应用于人才发展的方方面面，保证了人才全周期的健康发展。

人才发展的“1371 原则”如下。

（1）一把手工程。

➢ 在新力地产，人才培养是“一把手工程”，没做好人才培养的一把手，是失责，更要被追责；

➢ 高层管理者在人才的管理和培养上应花费不少于 50% 的时间。

（2）选拔三优先。

➢ 优先选拔经过实战检验且战功卓著的人员；

➢ 同等条件下，优先选拔老员工；

➢ 优先选拔地域灵活性好，接受外派的人员。

（3）任用七成熟。

只要认同新力地产文化价值观，业绩符合要求，能力准备度达到 70%（七成熟）的员工，即被大胆提拔和任用。

（4）流动一盘棋。

➢ 流水不腐，新力地产人才池只有搅动起来，才不会一潭死水；

➢ 兵为将所用，而非兵为将所有，各级组织管理者要服从集团人员调配的大局；

➢ 内部竞聘，个人有意愿，下家愿接受，上家无条件放人。

3. 人才发展路径

为匹配各级人才发展需要，新力地产建立了配套的人才发展体系，帮助员工实现职业成长。新力地产的人才培养按照“纵向可晋升，横向可发展”的逻辑，通道大体上分为两类，一类是管理通道，另一类为专业通道，实行简单实用的晋升机制，每半年度统一组织人才发展会，评估员工晋升。

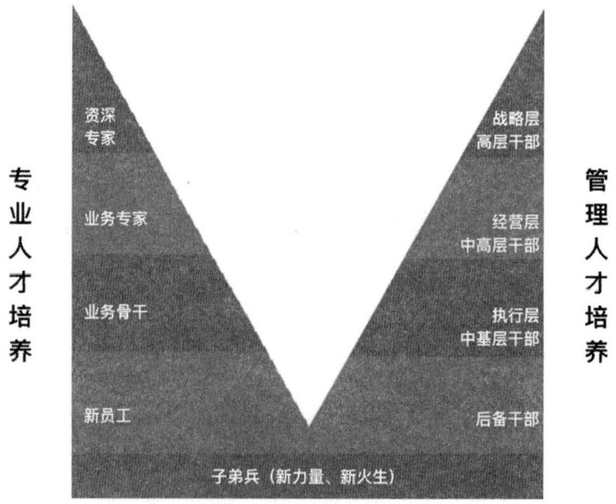

新力人才发展路径

4. 人才发展逻辑

新力地产人才发展注重从实践中来到实践中去，提炼出人才成长五步法作为人才项目的顶层逻辑。

（1）岗位画像。

我们需要什么样的人才？清晰岗位定位，明确岗位权责，是培养人才项目的出发点。

（2）人才优选。

我们培养谁？选对合适的人是基础，培养不只是人力资源部门的事，如何促进业务部门积极参与其中也是不可忽略的重点、关键点。

（3）战训培养。

我们怎样培养人才？坚持“721”是基本法则，实践才能出真知，在实践中培养人才，探索实践培养人才落地机制是摆在首位的核心问题。

（4）评估任用。

我们如何评估人才培养成效？“以终为始”、测量法、过程数据等多维度的设计不可忽视，任用平台的搭建是保持项目持续有效开展的动力。

（5）帮扶指导。

我们如何确保培养的人才真正适岗？高潜人员上岗后持续进行半年期、一年期跟踪帮扶指导，给予一定的试错机会、成长平台，一旦人员实职历练有限，仍可确保在原岗位发光发热，真正构建人才成长“能上能下”良性动力圈。

5. 关键人才项目

铸力计划——新力地产项目总的摇篮。

铸力计划旨在培养懂经营、善管理、强专业的经营型项目总经理。在人员选择方面，严把入口关，内部报名火热，董事长逐个面试，录取率仅约 40%；培养采用战训结合的方式，总经理亲自授课，给予实战机会，超过 85% 的学员得到挂职锻炼；大胆任命，任命后配套帮扶机制，董事长一对一沟通辅导。

铸力计划已组织 3 期，共 69 人参加培养项目，入池人数 42 人，通过率 61%，正式任命 28 位项目总经理，另有 4 人已经成长为片区总经理 / 城市公司总经理及职能中心负责人。

新力地产项目总铸力计划

（四）文化关怀

1. 文化考核与激励

新力地产在文化落地实践中，非常重视文化的考核和运用，考核结果与人才决策——选、用、育、留强关联，以激励文化价值观践行比较好的人，慢慢优化不认同新力价值观的人，打造组织的凝聚力，从而形成合力，共同驱动新力地产发展之轮。

新力文化价值观考核为“三刃剑”：镜子——反省剑；话筒——传承剑；手电筒——利他剑。

价值观考核结果是组织文化健康度判断的重要依据，同时个人评估结果应用于晋升、调薪、人才发展项目、淘汰等。

2. 文化团队打造

为了更好地激励员工参与到文化建设中来，同时找到更多对企业文化建设有价值的人，在文化落地上，新力地产成立了两个团队。

（1）新小力团队——文化传播者。

该团队成员由各城市公司及集团职能中心推荐，由集团企业文化组统一管理，主要承担文化传播工作，负责日常文化传播稿件撰写及企业文化互动，稿件被采纳享有稿酬，同时年底可参与“首席新小力”文化专项评优。

（2）文化大使团队——文化布道者。

该团队成员也由各城市公司及集团职能中心推荐，由集团企业文化组统一管理，主要承担文化传承及践行工作，负责企业文化分享及企业文化业务引导会等工作。集团文化大使同时为集团三星讲师，享受同等待遇，年底可参与“首席文化大使”文化专项评优。

新力地产文化大使团队

3.“37.8℃”建立文化仪式感

“37.8℃”是新力地产员工的文化融入体系，通过一些纪念日的仪式感，为新力人在新力地产的发展建立里程碑；通过文化的植入，形成文化向心力，打造强势而无所不在的新力文化。

（1）入职——绘彩·新力。

每个人都有五彩缤纷的烙印，加入新力地产，会拥有多彩多姿的梦想。“绘彩”表达创造力、热情和包容，是刚入职的新力人最具活力的表达。入职文化礼为“入职文化礼包”：使用新力专属橙色，内含董事长寄语、新力文化羊皮卷、高效工作管理日志以及各种记事本。

（2）一年——烙印·新力。

入职一周年，员工熟悉了公司的文化，烙上新力的印记，开始新力旅程，将梦想照进现实，脚步跟上灵魂。一周年纪念礼品为“员工私章”：新力 LOGO 融入青田石，刻上员工的名字，打下烙印。

（3）三年——绽放·新力。

入职三年，正当最好的贡献期，之于新力人，愿能自由绽放，有才望，更努力，冲业绩，出成绩。三年纪念礼品为“描金（纯金）瓷器摆件”：金代表职业贡献黄金期，瓷器易碎，希望员工对工作保持敬畏之心，在新力地产不能成为“老油条”。

（4）五年——同路人·新力。

风雨兼程见肝胆，乘风破浪显真情。五年相守，不离不弃，新力人已经完全融入，并可以作为文化传承者，与新力一起燃成 37.8℃，同心同路。五年纪念礼品为：时光纪·金币。

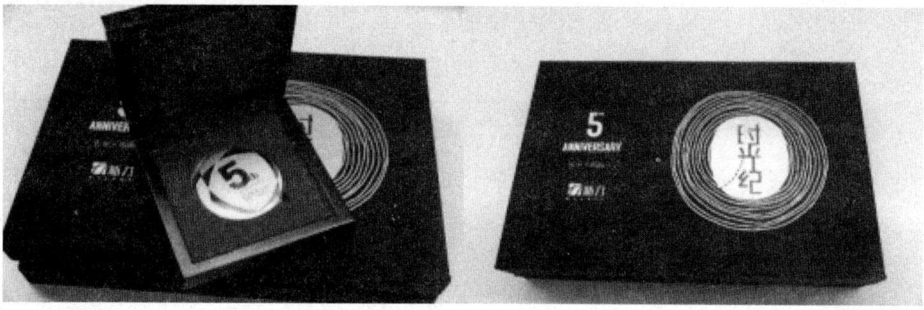

4. 361° 的员工关爱，多 1° 的幸福

“创见幸福无限”是新力地产的品牌理念。从幸福社会到幸福客户和幸福股东，从幸福产品和服务到幸福上下游供应商，“幸福员工”是新力地产员工健康关爱体系的根本出发点。

新力地产建立了三级“员工健康响应和预防体系”，成立了健康响应委员会，从预防到应对，全方位地关爱员工的健康问题。

除了 360° 全周期全方位的呵护，新力地产倡导“多 1° 的幸福”，保障员工健康，提升员工幸福感。

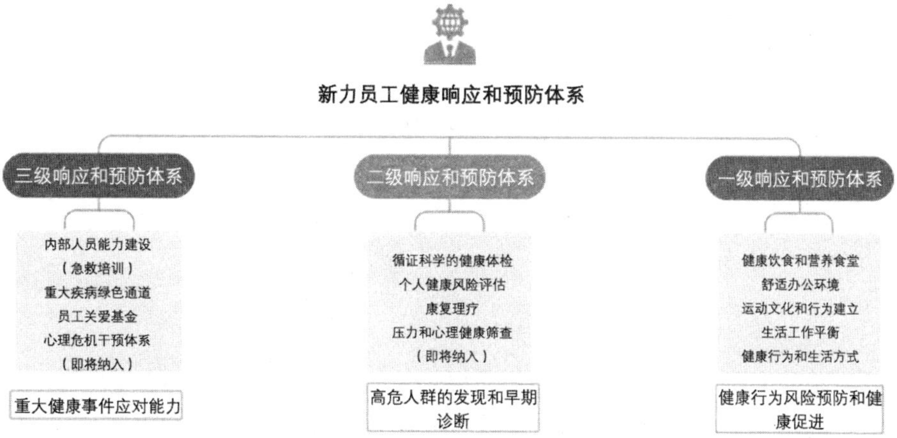

（1）重大疾病有保障——员工关爱基金。

2018 年底由新力地产专门成立，新力健康响应委员会负责统筹管理，以团队的力量增强新员工及其家庭抵御生活中灾难性事件的能力，解决困难员工的后顾之忧。新力地产每年出资 100 万元，其余由员工自愿捐赠，资金由新力健康响应委员会成立专项账户管理，为遭遇灾难性事件导致家庭生活陷入严重困境的员工提供援助。除此之外，还提供名医通道、大病专案、服务资源、名医预约。

（2）高危人群的发现和早期诊断——康复理疗。

办公室白领最大的亚健康问题来源于颈、腰椎等疾病，为缓解公司员工颈、腰椎问题，新力地产启动康复理疗项目，覆盖集团总部及各城市公司。

（3）健康行为风险预防和健康促进——急救管理培训项目。

近年来由于工作压力增大，生活节奏不断加快以及长期不规律的作息时间等原因，越来越多的人发生猝死。“过劳死”的威胁对象已从体力劳动者转向脑力劳动者，且呈年轻化趋势。可以说，急救知识的全民普及刻不容缓。

新力地产邀请红十字会的专业老师，教员工掌握如何识别和应对如心脏骤停等紧急情况，成人心肺复苏（CPR），如何使用自动体外除颤器（AED），解除气道异物梗阻以及正确的包扎方式，让员工学会自救和救他人。

（4）健康行为风险预防和健康促进——“食”在新力健康管理项目。

根据不同的节气、节假日、寒暑来为员工制定不同的饮食方案，如夏日“送清凉”，不同月份的环球美食节，秋季轻食餐，万圣节下午茶等，为员工打造全方位的饮食健康管理。

新力地产坚信员工健康，则企业健康；员工强，则企业强。在员工关怀上，不仅提供全面福利，而且专注于员工健康打造和幸福感提升。经过两年的体检数据对比，员工亚健康人数在逐年递减。

校招体系
XIAOZHAOTIXI

（一）四大校招品牌

1. 新力量项目

“新力量”即新力地产校园招聘管培生的统称，是有理想、有担当、有动力、有韧性的群体代表，代表新力新生的力量。“新力量”项目是新力地产战略性后备人才项目，肩负着文化传承、品牌建设、业绩贡献、组织造血的重要使命。

2. 新火计划

新火计划是新力地产为培养营销业务骨干和高级营销管理人才而推出的专项营销管培生计划。

3. 新聚计划

新聚计划即新力地产校园体验营，是新力地产对各高校免费开放的资源输出平台。该计划赋能学生职场、面试技能；提供学生拓展的机会；开放内部学习平台、项目参观、Open day，让学生提前感受“职场人”的日常。

4. 新芽计划

新芽计划是新力地产为即将毕业于次年的本科生、硕士生等学生量身打造的实习计划。

（二）新力量项目

1. 校招数据

21 世纪的经济竞争，归根结底是人才的竞争。

新力地产自2015年起就非常重视校园招聘，随着新力地产的不断发展壮大，校招人数从早期的几名、十几名增长到2018年的119名、2019年的152名。新力地产在吸纳优秀高校毕业生就业方面，逐步承担起更大的企业社会责任。在过去9年中，新力地产累计招聘新力量244人，目前仍然在职的新力量197人，整体保留率约81%，而近3年新力量保留率更是超过88%。每位新力量匹配业务、HR双条线导师，快速帮助新力量适应角色的转变，以最佳状态融入企业集团。由此可见，新力地产是一家值得莘莘学子为之奋斗的企业。

新力量定位为新力地产未来领导者，同时新力地产也为新力量的培养和晋升提供更多的资源与通道。在目前在职的新力量中，58.6%的新力量已独当一面，晋升为主管级，10%晋升为中层（经理级），其中2018届及2019届新力量半年一晋升、入职一年就越级晋升者比比皆是，总体出苗率高达81%。

2. 新力量项目定位

新力量旨在为公司培养一批强烈认同和践行新力文化与战略的专业化、职业化精英人才，令其5年内快速成长为公司中高级专业骨干或中高层管理者。

3. 项目特色

一把手工程：高管带教、业务和HR双导师。

快成长通道："1年主管、3年经理、5年总监、8年高管"快速成长机会。

双层培养计划：集团、城市联动培养，双层关注新力量成长。

（三）人才画像

1. 高校方面

新力量大部分来自国内外知名高校。其中，同济大学、浙江大学、东南大学、香港科技大学、华中科技大学、中山大学、湖南大学、广州理工大学是录取新力量人数较多的国内高校。在海外方面，悉尼大学、伦敦大学学院、伦敦政治经济学院、曼彻斯特大学等高校的毕业生占比接近8% 。

2. 学历方面

新力量以本科、硕士毕业生为主，其中硕士毕业生占比约57.8%，本科毕业生占比约 42.2%。

3. 专业方面

新力量大部分来自工程类、成本类、研发设计类、经济与管理类、中文与法学类等专业。大部分招聘岗位专业不设限，新力地产更加关注毕业生的个人特质、学习能力及企业文化认同度。

4. 素质方面

新力量候选人要求至少具备 1 项突出的亮点：知名企业实习经历，且表现优异 / 获得国家级奖学金 / 全国性专业大赛获奖 / 在学生会、社团担任关键干部 / 专业成绩拔尖 / 文体方面较为突出 / 地域灵活性强。

5. 特质方面

新力量招聘对象，要求“耳聪目明”且“高能皮实”，具备“斜杠青年”特质。

耳聪目明：机灵，有思考、有悟性，思维活跃；想出有实际意义的点子，逻辑清晰、思路流畅，考虑场合、考虑受众。

高能皮实：精力充沛、全力投入、结果导向、务实担当；撸起袖子加油干，相互补位、主动承担更多职责，简单阳光、说到做到。

（四）招聘亮点

1. 四大校招品牌联动，“一条龙”服务

新力地产的四大校招品牌——新芽、新聚、新力量、新火，从实习生新芽到新聚体验营成员再到新力量及新火，打造了校招“一条龙”服务，为广大毕业生打造完善的融入和成长平台。

2. 超“薄”面试流程，10 小时搞定初试及复试

为提升学生面试体验感，避免学生面试焦虑，新力地产采用简洁的面试流程，简化为网申—宣讲—初试—复试—终试，10 小时搞定初试及复试，没有测评环节，关注学生现场最真实的表现。同时，考虑到毕业学子的地域性，特在全国各地开展 13 场宣讲会招聘，意向面试地点 / 工作地点由学生个人意愿选择，给予学生充分的选择空间。

3. 校招面试技巧提前分享，让学生面试无忧

每年新力量校招，均会在各大新力地产校招群内向学生分享面试技巧，同时邀请学长学姐提前分享求职技巧，缓解毕业生的求职焦虑。

4. 大咖参与，一把手重视

新力地产对新力量项目极其重视，每场宣讲会均有总经理以上级别领导参与分享互动、答疑解惑。同时，在每次新力量培养项目中，均有董事长及副总裁们莅临指导，为学生职业生涯规划指点迷津。优秀新力量更有机会参与高管带教。

（五）培养计划

1. 培养目标

新力量项目旨在为新力地产培养一批强烈认同、践行新力文化和战略的专业化、职业化精英人才，五年内快速成长为公司中高级专业骨干或中高层管理者。因而，新力量培养聚焦于以下三个目标。

（1）新力化——高认同。

高频率接受文化熏陶，认同“新五力”，使文化成为新力量基因。新力量是行走的“新五力”代表，组织忠诚度高（阳光诚信、协同合作、客户导向、务实担当、结果导向）。

（2）专业化——有业绩。

全面了解房地产开发全链条知识，熟练掌握本岗位专业知识与工作技能，能理解跨岗位业务逻辑，能协同其他业务开展工作，产出优秀工作业绩。

（3）职业化——能扛事。

具备较高的职业道德与素养，呈现出良好的职业形象、务实的工作态度，掌握必备的通用职业技能，具备一定的管理技能，在快节奏、高强度下应对自如，能攻坚克难。

2. 培训策略

新力量培养周期为两年，在培养中坚持以下三个策略。

（1）战训结合。

新力地产在一线实战中收获业绩与成长，敢于给新力量任务，担实职，而非打杂；同时，创设内部赛场环境，不断选拔，打破论资排辈的思维定式，对有干劲、有冲劲、有能力的新力量，敢于给位子、压担子，也鼓励新力量到公司最需要的地方去攻坚克难。

（2）压力倒逼。

主要表现在三方面：一是为新力量们量身定制清晰的职业发展规划，打造新力量成长通道，只要有能力，就可以缩短其成长通道；二是开展专项岗位竞聘，为快速成长的新力量提供更加优质的发展平台；三是为优秀的新力量提供高管带教的机会，带教期为一年，半年期评估时，若高管对新力量成长速度有异议，可更新带教新力量。以上措施倒逼新力量全力以赴，自我加压，突破自我，实现快速成长。

（3）寓教于乐。

在新力量培养项目中，新力地产充分尊重“95 后”员工的个性，发挥其主观能动性，多维度开展有趣、有料的培养。除标准化培养动作外，新力地产还开展丰富多

新力量培养项目

彩的培训活动，如“开新”学习小组、学习先锋队活动、闪亮新主播活动等，一方面调动了新力量的自主性，另一方面也促进了学习效果的提升。同时，在各类培养活动中，以“讲故事”“全案例”“动手做”等多样化方式，有效提升新力量的参与度，提升其解决实际问题的能力。

3．培训原则

“7-2-1 模型”是新力量能力发展的主要模式，在此基础上实现总部与城市联动。

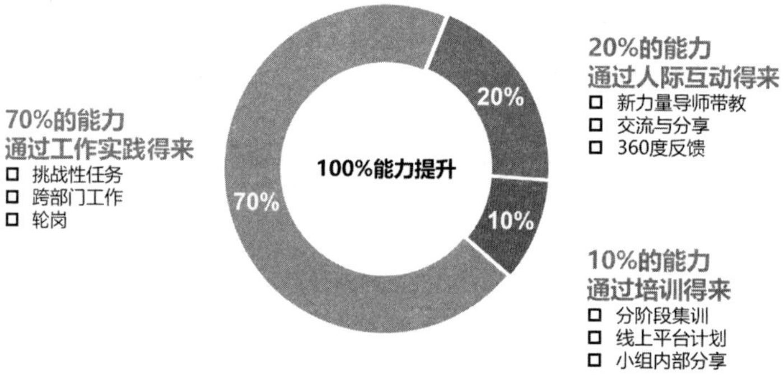

在岗历练：70% 的能力通过在工作实践中承担实责得来。

导师辅导：20% 的能力通过人际互动得来，坚持强化导师辅导机制。

正式培训：10% 的能力来自正式培训。

4. 培训全景图

根据新力量入职至“出苗”阶段的特点，新力量培养共分为 4 个阶段。

初遇期:6 个月，通过入职培训、业务实践、文化引导等，促进新力量认同新力文化，从一名初学者快速进入工作状态。

探索期:6 个月，通过专业内修、业务实践，进一步强化专业素养，一年实现“出苗”，成为业务骨干。

磨砺期：6 个月，通过实践强化、挑战性任务、轮岗等机制促进其进一步强化专业技能，拓宽视野。

绽放期：6 个月，通过强化实践、扩大职责、管理思维培养等，从素质素养、专业能力全面夯实基础，使新力量从合格职场人转变为优秀职场人。

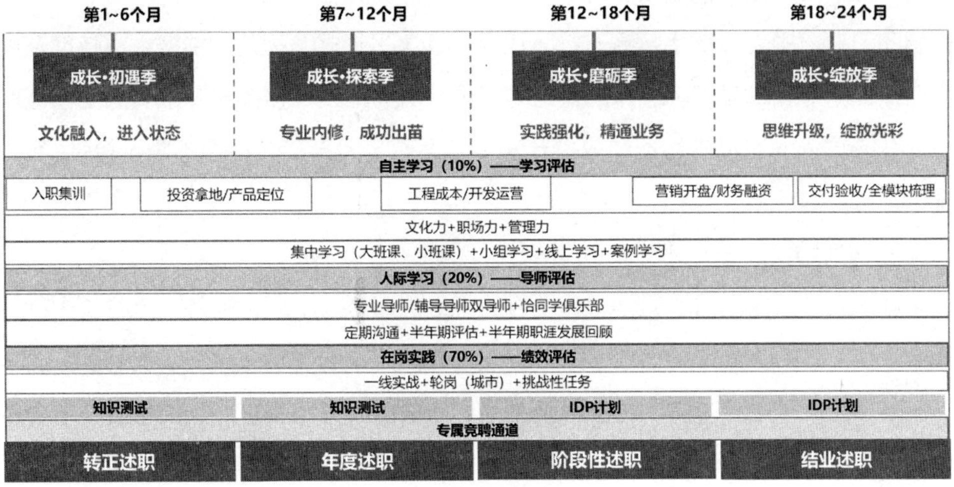

新力量培养全景图

（1）自主学习。

学习的主体是新力量本人。新力量两年培养期内高度重视自主学习力打造。

➢ 集中培训——“1+5+N 模式”。

“1”指入职集训大班课，时长 10 ~ 15 天，内容覆盖团队力、文化力、职场力、认知力、成长力五大模块。其中，团队力在于激发新入职新力量的团队荣誉感，以拓展形式开展；文化力是入职培训的重点，贯穿始终，且以专题的形式，融入新生代学员特质，以“能走绝不站，能站绝不坐，静不如动”的教学理念，让学员于活动中体悟新力企业文化特质；职场力旨在帮助新力量熔炼职场思维，塑造良好的职业习惯；认知力聚焦于各职能专业认知，是新力量了解公司管理模式的第一窗口；成长力是一个互动交流平台，通过与公司高管座谈交流、与老员工的交流分享，激发成长动力，激励加速前进。

“5”指公司针对新力量组织的 5 次基础大班课，内容包括三条主线。一是各职能通用业务基础，包括投资拿地、产品定位、工程成本、开发运营、营销开盘、财务融资、交付验收、全模块梳理等主题；二是围绕项目开发全过程重点节点展开，包括拿地 30 天协同、展示区开放、项目开盘、合理供货、封顶与验收、交付管理等，旨在让新力量明确在项目开发全过程中的各职能职责与作用，培养协同思维；三是管理素养类课程，通过学习管理工具，为走上管理岗位奠定基础。

"N"指各分专业的小班课，以"线上＋线下"形式，视各职能条线支持度及讲师资源、新力量专业模块群体规模组织开展，培训主题内容按照知识点的难易程度分成基础导入、逻辑构建、专业提升三个层面，学习形式包括但不限于集训学习、视频学习。

➢ 小组学习——分散式以教促学。

分散式以教促学的小组学习，一方面将大班切分为小班，由各小组组长进行过程性管理，避免了大班管理的难度；另一方面避免了单独学习的惰性，有利于打造学习氛围。在4个培养阶段内，每位新力量均需根据自身专业知识沉淀程度，结合在岗实践历练经验，围绕房地产开发各专业基础知识及各职能规范，分享岗位职能专业基础知识。

➢ 线上学习——打造浸透式学习。

线上学习以双月为单位开展学习计划，两年培养期内共需完成以下4个模块的学习。

职场风范：聚焦于职业心态、礼仪、职业习惯；

印象法则：聚焦于办公技能、思维塑造、向上管理；

高效工作：聚焦于时间管理、目标管理、问题解决；

管理启蒙：聚焦于管理思维、管理工具。

线上学习是线下学习的有力补充。线上学习的浸透性主要表现在三个方面：一是重过程展示，立体式全过程展示学习进度，将线上学习纳入整体学分体系；二是重深度创造，让新力量通过学习自行编写考试试题，在调动其积极性的同时，让其有更多的参与感；三是重效果检测，开展考试争霸活动，考试排名前三位的新力量将获得加分及线上专属海报。

➢ 案例学习——实践出真知。

从实战案例中学习、总结、反思是培养新力量的重要手段之一。新力量半年度必须组织一次案例学习，内容以项目全过程开发流程实战复盘为主，重点挖掘项目中存在的问题，从案例中沉淀经验。

（2）人际学习。

人际学习不仅包括导师制，也包括新力量内部之间的学习。

➢ 导师机制——成长引导。

新力量导师设置为双导师机制。其中，各城市人力负责人 / 中心 HRBP 担任思想导师，重点进行新力文化引导，关注新力量思想动态。通过定期谈话、交流，掌握新力量的思想、工作、学习情况，从身心、情感方面帮助新力量快速融入、深度认可新力地产，激发新力量的工作积极性。专业导师是业务上的引路人，实行选拔制。专业导师重点辅导新力量专业技能，制订与跟进专项的辅导计划。同时，针对优秀新力量，启动高管导师机制。专业导师管理遵循 EEF 模型。

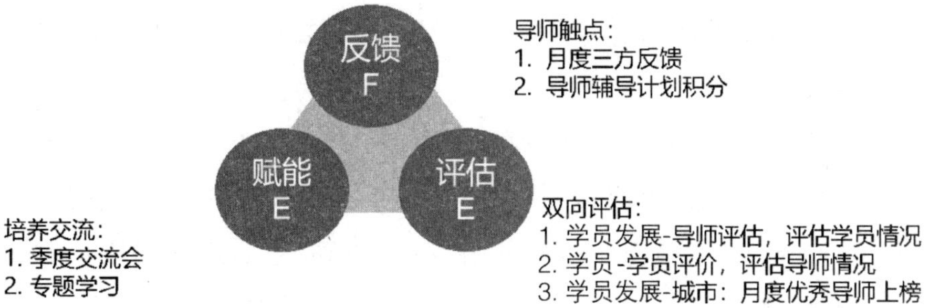

EEF 模型

➢ 月度碰面会——交流展示。

月度碰面会是打造以城市为单位的新力量团队黏性和凝聚力的重要手段，以“恰同学俱乐部”为载体亮相，形式不拘泥于正式月度汇报与主题交流，丰富多彩的团队活动也是重要的形式之一。月度碰面会有效激发了城市公司新力量黏性活动的打造，提升了参与度及创造性，通过丰富多彩的月度俱乐部活动，有效激发了新力量团队的活力与团队力。

（3）在岗实践。

在一线“炮火”中成长是新力量项目培养的重头部分，包括以下三部分内容。

➢ 一线实战。

基于新力量个性化特质，量身规划新力量 2 年期成长计划，打通成长通道。每半年盘点一次新力量跨部门及部门内部历练机会，对不同职能新力量设定指定岗位历练计划。如针对工程岗新力量，安排新力量至不同项目历练，担任实职，确保培养期内能快速经历项目不同的开发周期。同时，通过导师月度辅导计划及新力量个人 IDP 计划，确保业务实战工作能够落地。

➢ 轮岗机制。

新力量轮岗由城市公司基于新力量岗位落位后的资源及新力量岗位特质开展。根据不同岗位的轮岗需求、轮岗时间设置不同标准，轮岗主要在同部门或专业相近的岗位、计划与执行部门、上下左右工序、一线与后台、集团与城市岗位之间进行。如运营岗轮岗工程岗，工程岗轮岗客价岗、营销岗，每个岗位必选一个轮岗岗位。轮岗时间为 1 周至 3 个月不等。轮岗时间可前置，也可自选。轮岗极大地激发了新力量的工作积极性，有利于其学习其他岗位知识，对促进不同岗位之间的协同发挥了重要作用。

➢ 挑战性任务。

挑战性任务是指在新力量培养期间通过单点工作，有针对性、有目标地了解项目开发重要节点的在岗实践锻炼。挑战性任务的 4 个阶段均需参与，每阶段 2 项任务，任务模式为：2+2（即自选任务 2 项 + 自定义任务 2 项）。自选任务围绕项目关键节点开展，辅之以通用型的任务，共计 26 小项；自定义任务由新力量本人结合每阶段岗位要求，制定与岗位绩效指标密切相关的实践任务。挑战性任务符合新力量压力倒逼原则，通过挑战性任务，一方面拓展了新力量的视野，能够跨职能接受专项任务学习与挑战；另一方面也极大地激发了新力量的潜力，使其更多地去了解协同业务部门的工作，对自身的岗位工作有极大的帮助。

（六）晋升与考核

1. 新力量晋升

新力量成长不设限。新力地产为新力量打造了“1358”成长通道，其晋升、调薪与公司普通晋升执行不同的方案。只要足够优秀，新力量就能在新力地产找到一片广阔的成长天地。

在此基础上，为有效激励新力量快速成长，为有优秀绩效产出的新力量提供更有挑战性的实践锻炼的机会，搭建展现自我才华的平台，完善人才成长环境，新力地产开展了新力量专项岗位竞聘工作。目前，通过岗位竞聘走上更高岗位的新力量也以优秀的业绩、最新力的品质、敬业的工作态度获得好评。

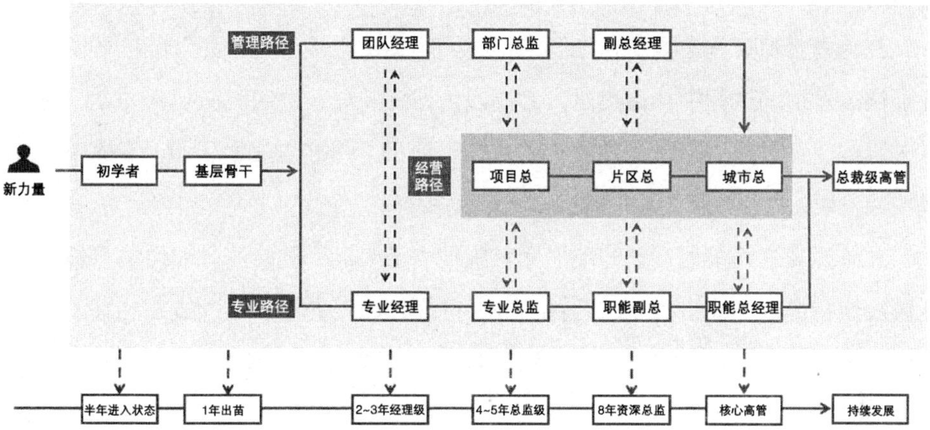

新力量晋升路径

2. 新力量考核

为评估成长效果，对新力量的考核必不可少。新力量全过程培养中，以半年度为节点，进行4次综合性考核。考评内容覆盖新力量工作绩效、岗位胜任力评价、学习力及文化力评估、节点述职等。其中，节点述职由各职能条线协同组织，是检验新力量工作方式、思路、成果、成长速度及培养机制是否合理的重要手段。

四 总结

ZONGJIE

2019年11月15日，新力地产于香港联交所主板成功挂牌上市，成为首家港股上市的赣系房企。作为房企中的后起之秀，9岁的新力地产从递表到成功上市，仅仅花了半年时间，这在行业中也是史无前例的。

除了业务战略的精准定位与有效落地外，新力地产在人力资源管理和雇主品牌建设上也有诸多的大胆尝试和优秀实践。

在企业文化打造上，新力地产提出打造“强势而无所不在的新五力文化”建设目标，从理念打造、制度细化、视觉化落地、行为展现等方面全方位入手，统一思想和理念，打造上下同欲的文化特色，成为企业文化建设领域争相学习的优秀实践。

在人力资源管理上，新力地产秉承“团队是新力核心竞争力”的指导精神，在企业快速发展的过程中，通过对人才高投入、高关注，快速沉淀出新力地产特有的人才画像，并打造了一系列优质的人才发展项目，外招与内生联动，支撑新力地产的快速发展，为行业发掘和培养了一大批优秀的职业经理人。

在校园雇主建设上，新力地产尤其重视“子弟兵”的培养。新力地产长期与各大院校保持良好的校企联动和公益合作，并搭建起新力地产四大校招品牌项目。从集团层面发力顶层设计，各公司一把手亲自关注毕业生培养和成长；从城市公司层面细化培养落地，从集训、导师带教、轮岗、工作实践等方面落实“子弟兵”培养政策。新力地产通过对“子弟兵”的培养，逐步改善内部人才供给结构；未来，新力地产 70% 的中基层骨干和管理干部都将来源于“子弟兵”项目。

在新阶段、新征程，随着步入上市公司的行列，新力地产必将走向企业运营更科学规范的良性平台。站在“上市”这一新起点，新力地产的步伐将越走越稳健。未来，新力地产将重点“推文化、建能力、树品牌”，实现新阶段的人才强企目标，将新力地产打造为更受大学生、求职者及内部员工认同的地产行业优秀雇主。

华夏幸福

产业新城领域人才高地

6

CHAPTER

主编推荐语

作为中国产业新城的引领者，华夏幸福以“产业优先”为核心策略，打造百余个产业集群，为合作区域创造就业岗位30余万个，有效带动了社会经济的发展。华夏幸福将“有意义的事业”作为人才吸引的核心价值主张，同时以“与牛人为伍、与城市同台、与幸福相遇”作为支撑承诺，吸引来自各行业不同背景的优秀人才，为他们提供成长的舞台和锻炼的机会，打造完善的培训发展体系和以人为本的员工保障体系，实现员工与企业的共同成长。

企业概况
QIYEGAIKUANG

华夏幸福基业股份有限公司（以下简称华夏幸福，股票代码600340），创立于1998年，是中国领先的产业新城运营商。华夏幸福坚持产业新城及相关业务、商业办公及相关业务双轮驱动，截至2019年6月底，其资产规模超过4500亿元。

华夏幸福以“产业高度聚集、城市功能完善、生态环境优美”的产业新城为核心产品，通过“政府主导、企业运作、合作共赢”的市场化运作机制，在规划设计服务、土地整理投资、基础设施建设、公共配套建设、产业发展服务、综合运营服务六大领域，为区域提供可持续发展的综合解决方案。华夏幸福紧抓都市圈发展机遇，已完成围绕北京、上海、广州、南京、杭州、郑州、武汉等15个核心都市圈的布局，事业版图遍布全球80余个区域。

华夏幸福以“产业优先”为核心策略，凭借约4600人的产业发展团队与自主创新的大数据招商平台，聚焦新一代信息技术、高端装备、汽车、航空航天、新材料、大健康、都市消费等十大产业，全面打造百余个产业集群。截至目前，华夏幸福已为所在区域累计引入签约企业超过 2000 家，创造就业岗位超过 30 万个。

（一）企业历程

1998 年 7 月，华夏房地产开发有限公司正式成立。

2002 年 6 月，河北固安工业园区奠基成立，开启产业新城事业。

2007 年 12 月，华夏幸福基业股份有限公司（简称华夏幸福）成立，完成股份制转型。

2011 年 8 月，华夏幸福实现 A 股资本市场上市。

2012 年，华夏幸福开启产业新城全国化布局，实现销售额超过 200 亿元。

2014 年，华夏幸福在美国硅谷等地设立高科技孵化器，以全球最前沿的科技力量推动中国产业升级。

2015 年，华夏幸福销售额进入行业前十强。7 月，华夏幸福与固安县探索的 PPP（政府和社会资本合作）模式，得到国务院通报表扬。

2016 年，华夏幸福围绕重点城市群和核心都市圈的全国布局成果初现。同年，华夏幸福国际总部在新加坡成立，产业新城业务“出海”。7 月，中共中央授予华夏幸福党委“全国先进基层党组织”称号。

2017 年，华夏幸福销售额突破 1500 亿元，综合实力稳居行业前十。

2018 年，华夏幸福成立 20 周年。产业新城布局全国 14 个省份，为合作区域全面打造百余个产业集群。7 月，中国平安成为华夏幸福第二大股东。

2019 年 4 月，华夏幸福发布新战略，表示将坚持都市圈布局，以产业新城及相关业务、商业办公及相关业务双轮驱动业务发展。

（二）主营业务

华夏幸福是中国领先的产业新城运营商，坚持产业新城及相关业务、商业办公及相关业务双轮驱动。

产业新城着眼于国家发展战略大局，将产业新城理想蓝图付诸行动，成就新时代背景下区域经济的换挡升级。其发展理念是以产兴城，以城带产，产城融合，城乡一体。

华夏幸福产业新城 PPP 模式，全称 Public-Private-Partnership，即公私合作伙伴关系。该模式下，政府与企业建立起“利益共享、风险共担、全程合作”的共同体关系，在基础设施、公共服务等领域长期合作，互利共赢。

华夏幸福与地方政府确立的 PPP 合作模式，基于“政府主导、企业运作、合作共赢”的核心原则，充分尊重政府在合作过程中的主导地位，并发挥市场化效应，把“伙伴关系、长期合作、利益共享、风险分担”等公私合作理念融入产业新城的协作开发和建设运营之中。

合作期间，政府是产业新城规划的审批者、产业项目的决策者和服务质量的监督者；华夏幸福是产业新城项目规划、设计、建设、运营服务的直接提供者。双方各司其职，通力合作，实现“1+1>2”的效果。

从 2002 年的固安产业新城开始，华夏幸福一路向前，创新实践的脚步从未停歇。截至 2019 年 4 月底，正式协议产业新城布局于全国 60 余个区域，业务版图覆盖 15 个都市圈、13 个省级行政单位、39 个市级行政单位。

（三）企业文化

华夏幸福以“打造产业新城，建设幸福城市，使所开发的区域经济发展、社会和谐、人民幸福”为企业使命，以“成为全球产业新城的引领者”为愿景，以“正直、激情、卓越、创新、包容、共赢”为核心价值观。

（四）企业荣誉

2019 年，华夏幸福上榜《福布斯》“2019 年全球上市公司 2000 强榜单”，位居第 544 位；入选 2019 年全球最具价值品牌年度报告“全球 500 大品牌榜单”，位列第 453 位。

2018 年，华夏幸福作为首批 A 股成分股之一，入选 MSCI 指数。联合国欧洲经济委员会第三届 PPP 国际论坛评选出全球 60 个可持续发展的 PPP 案例，固安产业新城 PPP 项目入选，成为中国唯一入选的城镇综合开发案例。此外，华夏幸福位列“2018 中国产业新城运营商综合实力 TOP10”榜单第 1 位，这是继 2016 年、2017 年之后，华夏幸福第 3 次在该榜单中拔得头筹。

2017 年，华夏幸福荣膺怡安翰威特“2017 中国最佳雇主—发展引擎奖”。

2016 年，华夏幸福党委被中共中央授予“全国先进基层党组织”称号。

2015 年,华夏幸福荣膺怡安翰威特“2015 中国最佳雇主奖”; 获评《福布斯》“2015 亚太最佳上市公司 50 强”; 获评《财富》中国 500 强 ROE 第 1 名。

二 人力资源体系

RENLIZIYUANTIXI

(一)人力资源数据

截至 2019 年年中，华夏幸福拥有主营员工 11000 余名，平均年龄 33 岁，核心管理层平均年龄 38 岁，是一家人员结构以“85 后”为中坚力量的企业。这支年轻、果敢、激情的团队，让产业新城事业与员工的职业发展拥有无限的可能性。

(二)人才理念

华夏幸福是中国领先的产业新城运营商。伴随“围绕核心都市圈周边建设运营产业新城，助力县域(区域)经济高质量发展”的公司战略与业务的长足发展，其人才战略也越来越清晰。

华夏幸福构建以人为本的人力资源管理体系，打造卓越的人才队伍和机动灵活富有张力的柔性组织，高效支撑战略达成和业务发展。华夏幸福的人力资源理念坚定而清晰：人才是公司基业长青最重要的资本，是生产力，而不是成本。

华夏幸福追求人才质量的高标准，秉持“正直、激情、卓越、创新、包容、共赢”的价值观，广纳不同行业、不同文化背景的各类行业精英；同时，推行德才并举的原则，保持团队整体素质持续提升。

1. 与牛人为伍

华夏幸福发展至今，汇集全世界、全行业众多顶级产业新城优秀人才。人才是华夏幸福最重要的资本。正因为他们，才使得华夏幸福产业新城事业持续高速发展。

(1)识人：广纳天下英才，充实人才梯队。

华夏幸福追求人才质量的高标准，珍视“全球视野、基层经验”，以包容的心态广纳不同行业、不同文化背景的行业精英。同时，推行德才并举的原则，有德有才，提拔使用；有德无才，培育使用；有才无德和无才无德，坚决不用。华夏幸福用这样的理念和用人原则，持续提升团队整体素质。

华夏幸福始终相信：一个拥有一流人才的企业最终会成为一流企业。同时，华夏幸福坚持以下三大选人原则。

①优中选优：华夏幸福的高管至少有 20% 的时间用于为公司甄选人才，70% 以上的新员工经由副总经理以上级别管理者面试通过。

②内部推荐：华夏幸福鼓励并认可来自内部员工的举荐，每年新进员工中，2000 余人是由内部员工推荐而来。

③名校招聘：每年面向国内“985”“211”高校及国际一流院校的优秀应届本科、硕士及博士毕业生，进行系统性的人才引进。2011 ~ 2019 年，来自国内外各大名校的几千位优秀毕业生（硕博占比 83%）顺利加盟华夏幸福的事业平台，为其事业发展注入高潜力员工（2017 ~ 2019 年度，引进名校博士 29 人，北京大学、清华大学的优秀毕业生 60 余人）。

（2）用人：激活人才队伍，鼓励人才内部流动并找到其发挥最大价值的岗位。

针对年轻人：从用户思维出发，为初入职场的年轻人降低跳槽带来的职业风险，通过轮岗发现最适合的工作方向。

针对有经验的职场人员：为员工提供一个展示个人才能、平等竞争的机会，让员工能自由地在公司内寻找感兴趣的发展机会，通过人岗匹配，永葆激情与活力。

2. 与城市同台

（1）视野广阔：城市级的事业发展平台。

全球化的产业新城布局：华夏幸福因地制宜打造的产业新城，为人才的内部流动创造良好的发展空间。

全链条的城市建设运营：华夏幸福秉持“产城融合”的理念，从全生命周期角度，在导入、培育产业集群的同时，同步建设并运营居住、商业、教育、医疗、休闲等城市配套，事业链条长，综合性强。员工在工作中除了能接触到与自己岗位相关的专业工作以外，还能够了解城市建设、运营的方方面面。

（2）多元复合：工种多样为人才复合式发展提供可能。

华夏幸福为合作区域提供了一套经济社会发展的“全流程综合性整体解决方

案”，涉及的岗位涵盖了规划设计服务、土地整理服务、基础设施建设、公共设施建设、产业发展服务和城市运营维护等。这些不仅直接决定了华夏幸福人才结构的多元，更为人才在公司内部的跨领域、跨部门、跨区域发展提供了广阔的选择空间。所以，华夏幸福汇聚了各行业多元化的顶尖人才，这些人才构建了华夏幸福的核心竞争力。

3. 与幸福相遇

（1）事业伟大。

产业新城是一项能够“在地球留下印记”的伟大事业，需要十几年甚至上百年的培育和耕耘。

（2）成就感强。

经过 20 年深耕，华夏幸福已探索出一条助力解决国家县域经济发展不均衡问题的产业新城道路。独有的产业新城模式，能够为员工提供参与全行业、全价值链的挑战机会，带来事业成就感。

（3）获得感高。

华夏幸福提供了领先绝大多数同行的薪酬，建立了完善的员工保障体系，不断增强员工的获得感；同时，每年评选表彰优秀员工，设立与服务年限挂钩的带薪“司龄奖励假”和“风雨同舟奖”，鼓励员工持续发展，为其营造尊重与信任的氛围。

（三）培训体系

华夏幸福大学是华夏幸福专属的企业大学，于 2011 年 5 月 20 日举行启动仪式，2011 年 9 月 28 日举行揭幕仪式，正式投入运营。

华夏幸福大学提供全程、全方位、一流的培训体系，支持人才长期发展，聘请高水平的内外师资团队为员工授课。课程体系包括领导力、专业力、通用能力和入模培养，旨在整合与传承行业智慧，塑造卓越领导者。

华夏幸福大学下设领导力学院、产业新城学院、通用入模学院以及大学培训管理部四大核心部门，与各集团、事业部、分公司等培训管理部门紧密配合，各司其职，推动华夏幸福各项学习与发展活动的开展。

华夏幸福大学持续围绕华夏幸福的核心战略与业务变革，构建完整的培训体系，积极开展各项人才培养实践，以帮助员工成长，支撑业务发展。华夏幸福大学被视为培养具有华夏幸福产业新城行业人才的摇篮。

华夏幸福大学坚持“领导者培养领导者、专家培养专家”的理念，将拥有专业知识和技能的每一位员工视为宝贵财富。华夏幸福内部推动并培养具有丰富实操经验的业务骨干、各层级管理者成为专家讲师。据统计，其内部讲师团队多达 2100 余人，从董事长、总裁，到专家人才和资深员工，承担了 90% 的培训工作。其中，高管参与授课率达到 60% 以上，专家人才累计授课时长近 6700 小时，内部丰富的人力资源被充分调动起来。

为紧密承接华夏幸福长远发展战略，贴合业务一线的需要，华夏幸福大学着力深耕“专家人才队伍培养”的产业新城学院。学院秉承“专家培养专家；博采众长，华夏为主；聚焦产业与城市发展”三大核心理念而建，致力于培养产业新城专家。目前，学院拥有 100 余位内部专家和 200 余门专业课程，自建立以来培养了大批产业新城专业人才，为华夏幸福的发展奠定了坚实基础。

聚焦产业、城市、资源三大战场，产业新城学院联合产业新城业务专家，围绕华夏幸福核心产品、业务运作基本流程及逻辑，打造了一系列优质专业力课程，不仅满足一线业务单位员工对于专业力提升的专业需求，更助力了华夏幸福的知识传承，同时也获得了行业权威机构的认可。

在第十四届中国企业教育百强盛典暨 2018 年中国企业培训发展论坛中，华夏幸福大学“领导者角色认知”课程被授予“第十四届中国企业培训十佳精品课程”荣誉称号；“产业新城运营沙盘”课程被授予“第十四届中国企业培训十佳版权课程”荣誉称号。此外，华夏幸福大学的“常青藤启航训练营”项目作为优秀实践案例被列入“CBC- 中国商业人才发展案例库”，并在 2019 年荣获被誉为“全球培训界奥斯卡”的 ATD 学习技术类大奖——“卓越实践奖”,以及 CSTD“经典学习项目奖”。

据统计，华夏幸福员工每年平均培训天数为 12 天，部分重点培养人群的年人均培训天数超过 20 天。这些，不仅远远高于行业企业数据，更展现了华夏幸福对员工的大力培养。

（四）人才发展

华夏幸福通过分类、分层的结构化培养方式，为每位员工制订差异化、有针对性的个人发展计划和培养方案。这就是华夏幸福的六级人才培养体系。

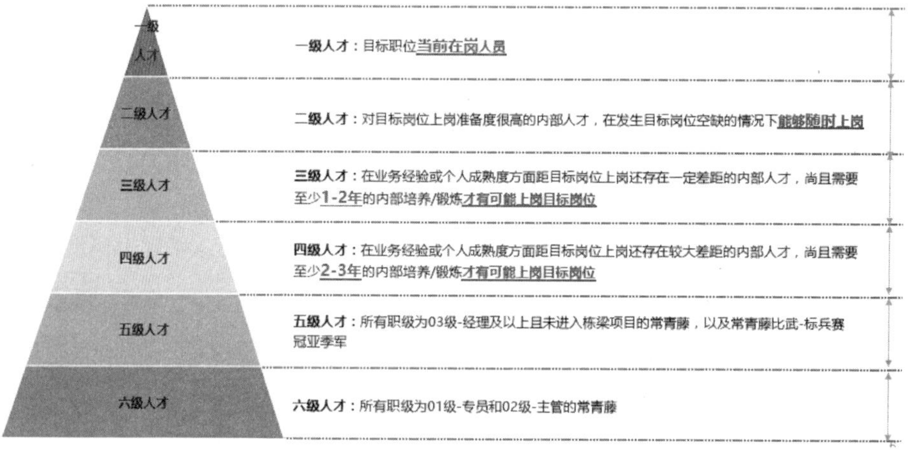

六级人才库是华夏幸福重要的人才战略项目，旨在搭建针对关键岗位的人才梯队，实现内部人才的培养和发展。项目从 2015 年开始至今，已形成了较为完备的六级人才库体系。

该人才培养体系通过业绩、能力、价值观等综合评价标准，选拔各经营单位中的各级高潜人员，并着力实施专项人才培养和发展项目，配套通用素质、领导能力和文化融入的相关课程，促成高潜力人员在内部的职业成长和发展。2019 年该体系聚焦各级经营一把手岗位和关键业务条线的职能负责人岗位，搭建人才继任梯队，并提供有针对性的人才培养和发展方案，打造一支理念认同、担当有为、业务专精的内部人才储备队伍。

截至 2019 年年中，在岗的管理岗位人员中，有 60% 来自内部培养和大胆任用，而非外部招聘；为华夏幸福持续贡献业绩的各级经营单位一把手中，有 72% 来自内部的成长和发展。

（五）员工关怀

华夏幸福始终坚持以人为本，着力解决广大员工最关心、最直接、最现实的问题，以此作为构建和谐劳动关系的根本出发点和落脚点，为实现企业与员工的全面共赢而不懈努力。

（1）搭建员工无障碍沟通机制。

为全体员工设立“400 沟通热线”，解答员工在心理、职业成长和发展、薪酬福利、人力资源制度、财务制度、办公支持等方面的疑问，提供证明开具、医疗报销、公积金支取等办理指引服务，设立专门团队响应员工的各项需求。

（2）实施员工关怀“幸福＋”工程。

幸福餐厅：覆盖各级单位办公区，秉承健康、安全、美味、特色的理念，使用绿色食材，为员工精心料理每一餐。截至 2018 年底，遍布全国的幸福餐厅达 65 家，就餐总人次达 187.2 万。

幸福农场：已有 6 家，生产农产品 33 种。秉承绿色有机理念，种植全程无农药无污染，收获作物全部供应幸福餐厅，同时为员工亲近自然提供绝佳的活动场所。

幸福健身：“幸福健身计划”为员工运动提供专业化的指导和训练。组织跑步活动 3895 次，11 万人次参与，人均 481 公里。

幸福体检：与全国 62 家体检中心合作，为员工提供年度免费体检服务。

幸福洗衣：员工持有专属洗衣卡，享受专业服务，“你洗衣，我埋单，既省力，又省心”。

幸福商城：打造一个更加完善和智能化的员工福利与办公用品采购平台。

幸福班车：高颜值的班车承载员工便捷交通和安全上下班的重要责任。班车座椅设计自带头枕，配备空气净化器、药箱、纯净水、USB 充电口，可以通过移动办公 App 实时查询班车路线。

萌妈工作室：各办公区专为孕期及哺乳期员工提供专享的温馨私密空间，提供无微不至的关爱。

幸福差旅：7×24 小时专属服务，为员工差旅出行解决了后顾之忧。

无忧办公：各级行政单位不仅为员工提供丰富的“幸福下午茶”，还配备了药品、雨具等各类常用物品的“员工自助柜”。

“幸福＋”品牌

幸福传递：爱心接力，传递幸福，幸福传递旨在坚持价值信仰，匠心传递暖心慰藉，温暖他人。

幸福社团："七会一社"为员工提供多元化的兴趣爱好施展平台，极大丰富了员工业余生活。

校招概况
XIAOZHAOGAIKUANG

（一）校招数据

自 1998 年成立之日起，华夏幸福就注重对于未来人才的甄选与培养，先后启动"华夏之星""小白杨"等校招项目。

2010 年 10 月，华夏幸福正式启动"常青藤发展计划"，最初 6 年的招聘人数始终保持在 200 人左右。2017 年，华夏幸福更加关注常青藤校园人才的甄选及发展，并由此成立了常青藤发展中心，自此常青藤招聘人数快速上涨，峰值达到每年 800 人。与此同时，华夏幸福大力开展博士后校园招聘，并于 2018 年正式建立博士后工作站，以华夏幸福产业研究院等为核心，为博士后搭建良好的研究平台，先后招收 13 名博士后研究人员（其中 1 人已出站），帮助精英人才实现研究与实践的结合发展，人才团队不断壮大。

2013 年 9 月，华夏幸福正式启动"精英 MBA"项目，共计招聘精英 MBA 30 余名。历经 3 年培养，超过 80% 的 MBA 成为在岗精英 MBA，已履职区域总经理、区域班子等干部岗位。

截至 2019 年年中，华夏幸福已经吸引并保留了超过 2000 名"有志、有识、有恒"的优秀毕业生，为其事业发展注入高潜力员工。超过 500 名常青藤快速走上高级经理及以上岗位，更有超过 100 名常青藤步入管理岗位。

（二）人才画像

华夏幸福"常青藤发展计划"旨在吸引"有志、有识、有恒"的优秀毕业生，将产业新城梦想付诸行动，成为产业新城的领导者。其素质要求是：正直坦诚、追求卓越、勇于决策担当、善于学习、善于资源整合。

（三）校招项目

1.“常青藤发展计划”

华夏幸福针对应届毕业生制订了“常青藤发展计划”，给予校园精英优厚的条件和极具竞争力的成长空间，培养了大批高潜力人才及未来的领导者。尤其在核心岗位的任用上，同等条件下以常青藤优先，充分给予常青藤信任与支持。

2010 ~ 2019 年，“常青藤发展计划”9 年间累计招收 2000 余名高校毕业生。截至 2019 年年中，常青藤群体占员工总数的 27%，硕博占比为 83%。常青藤在高级经理级及以上中占比为 24%。“常青藤发展计划”作为华夏幸福人才体系的重要组成项目，主要面向国内及国际一流院校的优秀应届本科、硕士及博士毕业生，进行系统的规划、吸引、获取、发展、激励及任用，通过实战、系统训练后委以重任。迄今，大量毕业时加盟的年轻骨干人才，活跃在华夏幸福中高层的各重要岗位，担当战略型的业务及管理职责，并创出了领先业内的成绩。

2017 年初，华夏幸福成立一级中心——常青藤发展中心，统筹规划及推动实施常青藤的选、用、育、留系列工作，源源不断地为各关键岗位输送青年人才。

2018 年 10 月，华夏幸福获人力资源和社会保障部批准，设立独立的博士后科研工作站，定位为国内外高端创新资源对接平台和战略性新兴技术孵化培育载体，汇聚整合各学科精英，通过对各类联合培养项目进行全方位勘察，探明未来博士后培养的有效途径，打造新型产业技术研发转化的一流平台，努力成为全国标杆。

2.“精英 MBA”项目

2013 年 9 月启动的“精英 MBA”项目，专为国内外知名院校顶尖 MBA 毕业生倾力打造，旨在培养执掌区域发展的新一代商业领袖。项目已持续开展 7 年，其高效、灵活、完善的培训机制已得到验证。应聘者 100% 来自国内外知名商学院，累计招聘中欧商学院、清华大学、北京大学、中国人民大学、香港科技大学、南加州大学等高校精英 MBA 30 余人，80% 的在岗精英 MBA 已履职区域总经理、区域班子等干部岗位。该项目以 3 年为培养周期，对学员进行加速培养，表现优异者最快 2 年即可进阶为区域总经理。

（四）招聘亮点

1. 总部端对端全程管理

华夏幸福常青藤校园招聘，由总部常青藤发展中心负责统筹规划及推动实施，并通过各业务单位设置的城市经理推动宣讲、面试，在各目标院校落地实施，整体校招项目开展得有条不紊。

2. 管理层高度重视并参与

“常青藤发展计划”作为华夏幸福重要的人才项目，执行总裁、顾问及各级经营单位管理层亲赴各宣讲会现场，积极为华夏幸福代言，分享其业务发展情况及人才培养体系等内容，极大提升了常青藤校园招聘吸引力，引发学生广泛关注并积极投递简历。

3. 标准化的流程及招聘体验

常青藤校园招聘有标准化的招聘流程：统一规范的网申、测评、无领导小组讨论、综合能力面试、业务一把手终试等。

同时，在招聘过程中注重面试体验和毕业生感受，入职前提供带薪实习机会，入职后提供具备市场竞争力的薪酬保障。

（五）培养计划

华夏幸福为常青藤建立了“甄选—培养—任用”的发展体系。在甄选方面，聚焦国内外一流院校，持续吸引重点院校重点专业优秀毕业生；在培养方面，以职业发展双通道为引力、特色学习发展平台为推力、常青藤加速培养体系为助力，加速培养“有志、有识、有恒”的华夏幸福“子弟兵”；在任用方面，坚持常青藤优先，大胆任用常青藤，助力常青藤走上干部岗位。

在常青藤发展的不同阶段，华夏幸福为其制定了不同的培养项目。

针对新入职的常青藤，启动“扬帆训练营和启航训练营”；针对六级人才常青藤，开展为期半年的轮岗计划，推动总部常青藤去一线了解公司业务；针对五级人才常青藤，开展精兵训练营培养项目及定向轮岗计划，将常青藤培养成为业绩出色、技术熟练的个人贡献者；针对四级人才常青藤，开展为期半年的栋梁培养项目，以“三力 + 企业文化 + 行动学习”为主线，加速常青藤向干部岗位输送。

华夏幸福的常青藤培养体系

华夏幸福每年举办的常青藤比武大赛，以行动学习的形式，挖掘公司问题卡点，解决业务问题，促进管理提升，达成业绩改善，助力常青藤提升实战能力。

常青藤比武大赛现场

（六）晋升与考核

对于承担重要岗位职责、作出重大业绩贡献的优秀常青藤，华夏幸福会进行年度晋升提拔。

对于在日常工作及常青藤（学习）活动中表现优异的常青藤，例如年度评选的优秀常青藤，积极参与常青藤比武、轮岗、栋梁等培养项目并表现优异者，以及常青藤自组织优秀主席团成员等，华夏幸福会考虑优先提拔。

（七）薪资福利

华夏幸福的薪酬理念是“为有理想的人超前付薪”。具体而言，就是根据公司战略超前配置组织及人员，提前为人才即将获得的成就支付薪酬。

对于应届毕业生，华夏幸福同样提供了在市场上极具竞争力的薪酬回报：薪金构成为基本薪酬 + 月度补贴 + 绩效奖金 + 毕业安置补贴；“八险一金”提供多重保障；“为未来付薪”保证市场领先水平；试用期工资按转正工资 100% 发放，非常具有竞争力。

四 总结
ZONGJIE

为适应市场竞争打造以人为本的企业软环境，华夏幸福在追求卓越的道路上不断积淀，持续成长。其人力资源管理体系始终以业务为导向，通过在组织变革、干部培养、企业文化建设、人才招聘、雇主品牌建设等方面一系列的人力资源管理体系变革，对业务发展提供强大支持，从而实现业务与管理的双领先。

华夏幸福始终坚持用户视角，关注员工在公司职业发展的体验感受，并持续优化提升，因此每年会针对公司全员进行员工敬业度的调研。自 2014 年起，华夏幸福的员工敬业度始终保持在 83 分及以上的分位，并领先于市场及行业平均分位置。

凭借广阔的事业前景、不断优化的人力资源体系和面向未来的人才战略，华夏幸福赢得了业界的持续认可，并成为受欢迎的雇主品牌。

2015 年及 2017 年，华夏幸福先后两次荣获怡安翰威特颁发的“中国最佳雇主”，还曾获得北京大学社会调查研究中心和智联招聘的“中国年度最佳雇主”，北京大学光华管理学院“最佳雇主”，以及来自诸多权威机构的“中国卓越雇主”“创新非凡雇主”等荣誉。

认可不仅只在全行业范围内，华夏幸福同样被“未来人才”——校园大学生群体所认可。连续几年，华夏幸福荣获权威机构颁发的“中国大学生最佳雇主行业 15 强”等荣誉。

如今，华夏幸福不仅是产业新城的领军者，更是产业新城的人才高地，为无数优秀人才创造了发展机遇。

荣盛发展

冀系房企人才培养典范

7

CHAPTER

主编推荐语

荣盛发展以“创造财富、服务社会、培育人才、报效国家”为己任，24 年辛勤耕耘，在 50 余个城市扎根落地，成为冀系房企的典范代表。荣盛发展将人才作为企业的资本，提倡企业是学校，领导是教练，为人才搭建施展无限才能的平台，让员工愉快地工作，在最大限度地实现自我价值的同时，也实现企业稳步健康的发展。

一 企业概况
QIYEGAIKUANG

荣盛房地产发展股份有限公司（以下简称荣盛发展，股票代码 002146.SZ）成立于 1996 年，注册资金 43.48 亿元，总部位于素有“京津走廊上璀璨明珠”之称的河北省廊坊市。2007 年 8 月 8 日，荣盛发展成功在深圳证券交易所上市，成为河北省首家通过 IPO 上市的房地产企业。

（一）企业历程

1995 年，荣盛实业有限公司第一届股东大会成功召开，荣盛发展宣告成立。

1996 年，廊坊开发区荣盛房地产开发有限公司注册成立。

2002 年，荣盛发展通过 ISO9000 质量管理体系认证，成立沧州分公司，开始了从点到线的战略布局。

2007 年，荣盛发展成功在深圳证券交易所上市。

2010 年，荣盛发展战略布局全国 9 省 20 城，销售额首进“百亿俱乐部”，并在北京成立荣盛泰发（北京）投资基金管理股份有限公司，开始涉足金融行业。

2011 年，荣盛发展开发项目突破 100 个，将品牌口号更换为“缔造新型生活”。

2015 年，荣盛发展与民生银行签署战略合作协议；成立四众互联（北京）网络科技有限公司，开始涉足互联网行业。

2018 年，荣盛发展销售额首次突破千亿元，迈入千亿阵营。

2019 年，荣获 2019 年中国房地产百强企业第 16 位。

（二）主营业务

成立 24 年来，荣盛发展一直致力于房地产品牌化开发，已经在经营规模、业务领域方面取得重大进展，初步形成了“两横、两纵、三集群”的战略布局。“两横”指沿着长江及陇海铁路沿线的布局，“两纵”指在京沪、京广铁路沿线的布局，“三集群”指深耕“京津冀城市群”，稳步拓展“长三角城市群”“珠三角城市群”周边城市的布局。

截至 2018 年底，公司土地储备建筑面积 3613.54 万平方米，总资产 2277.62 亿元，已进驻包括天津、重庆、河北、辽宁、浙江、四川、广东、海南等国内 19 个省份的近 70 个城市，在捷克南摩拉维亚州帕索夫斯基市，已开发或开发中项目逾 200 个。

此外，为更好地适应发展需求，2016年荣盛发展制定了“五五规划”，启动了“3+X”转型升级新战略，旨在经过五年艰苦奋斗实现转型所需的产业布局，进而形成以大地产为主干，大健康、大金融为两翼，互联网等新兴产业为辅助的多产业综合集团公司；推动公司由专业地产商转变为管理规范、模式领先、运营健康、综合实力突出、美誉度高、发展潜力大的生活方式运营商。

现在，荣盛发展已从最初的普通住宅开发商成长为集地产开发、康旅投资、金融投资、互联网创新等业务于一体的全国性多产业大型综合集团公司。

（三）企业文化

1. 企业愿景

打造成为全国具有知名品牌、行业内具有崇高声誉和领导地位的受人尊敬的伟大企业。

2. 企业宗旨

创造财富、服务社会、培育人才、报效国家。

3. 核心价值观

追求卓越，意味着永续提供卓越的产品和服务，令客户荣耀；意味着永续提供卓越的价值回报，令股东满意；意味着永续提供卓越的发展平台和报酬，令员工自豪。

客户是荣盛发展存在的价值体现。挖掘客户朦胧、潜在的需求是荣盛人的职责。不仅要满足客户的现实需求，更要满足客户的潜在需求，提供超越客户期望的产品和服务是荣盛发展永远努力的方向。

人才是荣盛发展的资本。全身心投入工作，确保本职工作顺利、高绩效完成的人是公司最珍贵的资源。

共赢、共享、共进体制。对内平等，对外合作，对投资者负责，努力兼顾各方利益。

永续的发展和超越。在企业发展过程中，我们要不断地发展壮大自己，超越自我，争做行业先锋。

4. 企业精神

诚信：企业的基本要求，也是做人的基本要求。要做好人做好事、先做人后做事、边做人边做事。做一个遵纪守法，对社会、企业、客户及合作者负责的人。

谦和：谦受益，满招损，用忍戒急，不怕吃亏；谦虚，和善，不自傲，不树敌，不对抗，礼貌待人。

认真：认真是突破极限，充分发挥自己潜能和充分利用一切有利条件去除不利条件的前提。认真是成功的必要条件，卓越与完美是认真的结果。

苦干：吃苦是智慧的翅膀，是对幸福的储蓄。不要拒绝苦难，拒绝苦难就是关闭幸福之门。

拼搏：企业的成长过程中会遇到各种各样的困难，只有拼搏才能战胜困难，赢得发展。荣盛人是不怕困难的，没有什么能够阻碍荣盛人前进的步伐。

创新：创新是企业竞争力的源泉。企业管理和运营要根据环境的变化不断地创新。求新、求变、永不满足和勇于否定过去，甚至否定过去成功的做法是创新的基础和条件。追求更高、更好、更快的发展是创新的动力和源泉。

5. 职业经理人核心素质

执行是职业经理人的使命。坚决地执行，用科学的方法、不畏难地去推动目标的实现是职业经理人的天职。

职业经理人的“四种意识”：

目标意识：长风破浪会有时，深刻认识现实与目标的差距，致力于缩小差距。

执行意识：直挂云帆济沧海，攻坚克难，用尽全力想办法、找路径、解难题。

发展意识：路漫漫其修远兮，着眼未来，跑赢自己，追求可持续的更好发展。

风险意识：吾将上下而求索，处变不惊，敢于善于面对风险，有志者事竟成。

6. 绩效文化

有为才有位，业绩就是尊严。

坚持“正确行为下的高绩效”：“正确行为”即目标清晰、执行有力、取财有道；“高绩效”即达成目标、超越目标。

坚持“能力取资格，业绩取资本”：具备相应能力给予提拔、给平台，但能否取得相应回报要靠业绩来“挣得”。

坚持“345”的用人原则：机构精简、人员精干，人均效益和组织效率高。

7. 工作观念

找对的事情做且一次做好。

做前慎思考，过程要用心，做完必检查。

计划周密，措施有力，补救及时。

不采购、不接受、不使用、不制造不合格品。

干一项工程，树一块牌子；创一方信誉，占一方市场。

过程一百分，质量必优良，效益必最佳。

人的质量决定工作质量，工作质量决定产品质量。

买回功劳簿，撕毁苦劳簿，烧掉疲劳簿。

（四）企业荣誉

在这个不断创造辉煌的时代，荣盛发展以实业报国的使命感和顽强拼搏的企业精神，历经岁月磨砺，在时间的长河中熠熠生辉。成立 24 年来，荣盛发展一直致力于房地产服务品牌开发，其发展成果得到了社会一致认可。2019 年部分成果如下。

2019 年度地产上市公司综合实力第 8 位；

2019 年中国民企 500 强第 90 位；

2019 年上市房企经营能力 TOP50 第 4 名；

2019 年度最具品牌影响力企业；

2019 年中国房地产百强企业运营效率 TOP10；

2019 年沪深上市房地产公司综合实力 TOP10；

2019 年沪深上市房地产公司财富创造能力 TOP10；

2019 年中国绿色地产指数第 13 位；

2019 年中国房企绿色信用指数 TOP15；

2018 年中国上市房企营收排行榜第 17 位；

2019 年上市房企品牌价值榜第 19 位；

2019 年中国绿色地产 TOP20；

2019 年中国房地产开发企业 30 强；

2019 年全国 TOP10 优秀产业园区；

2019 年最具投资价值房企；

2019 年度中国优秀企业公民；

2019 年度最具社会责任上市企业奖。

人力资源体系
RENLIZIYUANTIXI

（一）人力资源数据

截至 2018 年底，荣盛发展共有员工 24607 人，其中男性占比 56%，女性占比 44%，人员编制满编率 90.61%，司龄 3 年以上员工占整体员工的比重为 25%，公司员工忠诚度总体较高。

从员工工种来看，2 万多名员工中，房地产开发运营管理人员 6613 人，占比

27%，销售条线 2955 人，工程条线 3558 人，个个精干、高效。

从培训晋升方面来看，公司培训覆盖率 100%，其中员工内部晋升比例为 56%，管理培训生平均晋升时间 1 年，员工晋升时间 2 年。

从留存率方面来看，包括物业、销售、酒店等基础岗位在内，公司整体员工流失率为 28%，其中核心关键岗位员工流失率为 15%，入职 3 年管培生保存率为 70.77%。

（二）用人理念

1. 人才是荣盛发展的资本

全身心投入工作，确保本职工作顺利、高绩效完成的人是公司最珍贵的资源。

企业是学校，领导是教练。培养、指导下属，让他们在工作中尽快地成长和成熟起来，成为企业中优秀的人才，是领导的责任和义务。员工应虚心学习，不断完善自身。

为人才搭建施展无限才能的平台，打造一片和谐、广阔的天空。

充分尊重员工的个性，能容人所短，更能容人所长。

让员工愉快地工作，在最大限度地实现自我价值的同时，实现企业利益最大化。

适才适岗，人尽其才；与员工一起规划好自己的职业生涯；所有的员工在人格上人人平等，在职业发展上机会均等；荣盛发展营造宽松、和谐、良好的工作氛围，倡导简单而真诚的人际关系。

精干高效的职业经理团队是荣盛发展人才理念的具体体现。持续培养专业化、富有激情和创造力的职业经理队伍，是荣盛发展永续发展的一项重要使命。

提倡“追求卓越”。工作不仅是提高生活质量的手段，工作本身对荣盛人来说更意味着快乐和拥有一种成就感，只有今天的卓越才会有美好的未来。

倡导“干中学，学中干”。学习是一种生活方式，向一切可以学习的人、事、物学习，学习一切有利于企业与自身发展的知识。

2. 人才理念

三个三分之一：三分之一来自校招，三分之一来自内部晋升，三分之一来自外部招聘。

3. 用人标准

志同道合：高层看价值观，中层看事业心，基层看责任心。

4. 职业经理人的精神品质

坚毅，果敢，创新，勤勉，图强；奉献为荣，目标至上。

5. 领导标准

企业是学校，领导是教练。

6. 激励文化

能者上，平者让，庸者下。

干多干少不一样，干好干坏不一样。

正确行为下的高绩效。

能力取资格，业绩取资本。

共赢、共享、共进。

（三）培训体系

随着房地产行业规模化程度越来越高、竞争加剧以及荣盛发展从地产开发向生活方式运营商转变升级，荣盛企业大学应运而生。

荣盛企业大学的愿景与定位是：打造成为行业领先、品牌知名度高的优秀企业大学；成为公司战略变革的孵化器，人才与组织成长的加速器，文化同合的布道场。

荣盛企业大学实行校董会负责制，均由公司高层担任，其中校董会主席由荣盛发展董事长耿建明担任，副主席及校长则由荣盛发展副总裁鲍丽洁出任。下设有商学院、营销学院、项目管理学院及城市运营学院四大学院及学习开发部、企业文化部、培训运营部三大保障部门。

人才培养方面，荣盛发展高度重视企业内生人才，通过坚持三个三分之一原则来打造人才供应链，实现 70% 的人才由内部培养。从大学生培养到继任者计划，多年来荣盛发展形成了非常丰富的培训经验以及明星项目。

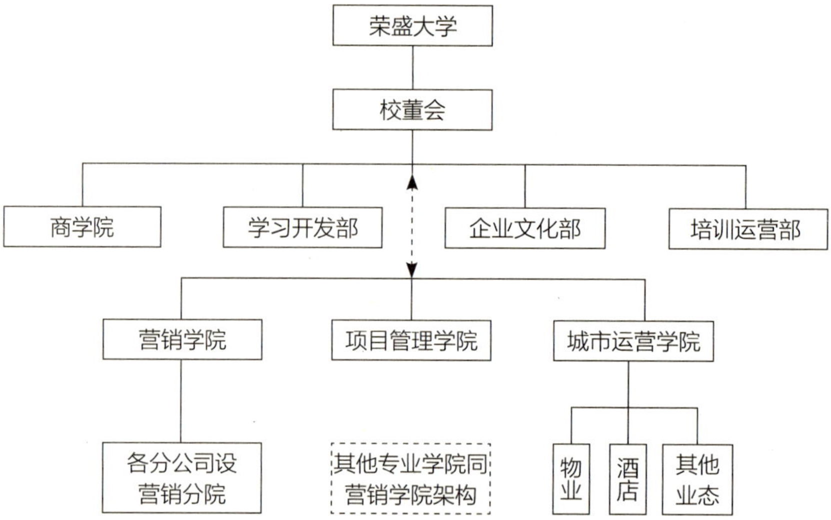

荣盛企业大学架构

1. 鹰飞计划——大学生专属培养通道

荣盛发展的大学生培训项目历经 16 年，从大学生进公司“雏鹰训练营”开始，荣盛发展的“子弟兵”们将获得“一年优才、两年主管、三年经理、五年总监、八年总经理”的专属培养及晋升通道。

2. 核心高管培养项目

（1）GM 汇项目。

以加强荣盛发展干部梯队建设，打造一支强管理、精业务、懂经营的优胜任力接班人队伍，完善后备一把手梯队人员储备为目标的 GM 汇项目，每年轮动开展。截至 2018 年底，已有各公司副总级学员 200 余名受益于此项目，为荣盛发展扩大事业版图奠定了较为坚实的后备梯队力量。

（2）总经理培养项目。

为提升在岗领导干部的综合胜任力，推动卓越履职，荣盛发展每年新年伊始都会组织“开年第一课”——春季干部培训，为公司核心管理层输入新思维、新理念，让管理者们形成较为统一的管理思维，夯实管理能力。

（3）专业条线培训项目。

为强化荣盛发展专业“腰部”力量，专业力各学院不断推出专业条线培训项目，为公司业绩提升贡献知识力量。

营销系统—致盛军训练营项目，覆盖岗位公司营销系统“前锋战队”核心人员，2018 年度参训学员 313 人。培训围绕精通单项目营销全流程操作、多项目管理知识、文化践行等方面，为营销系统“授之以渔”。

工程系统—荣将营项目，围绕项目工程总监胜任力，夯实项目生产管理相关专业知识和技能，熟练单项目操盘技能，延展项目全周期管理思维，以及管理提升和文化同合，共有约 200 名学员参训。

此外，还通过网络学院、经营大讲堂、月度例训、线上微课等方式，为荣盛发展各层级员工提供高质量的知识通道和多元化的学习方式，助力人才全面成长。

（四）人才发展

人才发展不仅和员工本身息息相关，也对公司发展与转型起着重要作用。一直以来，荣盛发展坚持把“与员工一起规划好自己的职业生涯”作为公司职责，通过多元化的晋升路径与职业规划，让员工实现个人价值的同时企业也能获得发展。

1. 鼓励并坚持“人才内生”理念

荣盛发展通过“优才→储备干部→接班人”的干部队伍建设机制，优先为内部员工提供持续发展的平台。鼓励员工专精所长，提倡“学中干、干中学”的职业发展方式，让优秀后备梯队人才在实践中脱颖而出。

2. 设立管理、技术、鹰飞计划等多种职系

各职系内所有岗位均遵循“基层→骨干→资深→中坚”的职业发展路径，员工可以在各职系通道内获得平等发展机会，每个阶段性职业目标的达成是业绩积累后的自然成果。

3. 为员工提供多元成长通道

在考虑公司发展需要、个人实际情况及职业兴趣基础上，员工在不同通道之间有转换机会。

4. 为绩效优、有发展潜力的员工提供工作轮换的机会

创造不同岗位或核心岗位工作的机会，使绩效优、有发展潜力的员工承担更大责任，丰富优秀员工在不同岗位的工作经验，使之获得施展才华的空间，并为公司做好复合人才的储备。

（五）员工关怀

除了给员工打造了一个良好的工作平台之外，荣盛发展还给员工提供了从物质到精神，从身体到心灵的全方位关怀，主要有以下几个方面。

1. 生活保障

公司食堂 / 餐补、交通费、班车、员工宿舍 / 住宿补贴、大学生置装与安家费、家庭津贴、高管酒店长包房。

2. 健康关怀

免费体检、健身中心、乐动俱乐部、母婴室、婚丧育补助、高管医疗险。

3. 精神呵护

从员工需要出发，筹办各种特色活动，如聚会联谊活动和各兴趣协会。为营造健康向上的工作氛围，关爱单身员工，荣盛发展党工办牵头组织单身联谊会活动。通过“假面舞会”的形式，拉近单身青年之间的距离。加入廊坊市总工会“飞脱单起跑线计划”，依托全市优质单身资源互通交流，帮助员工解决个人问题。

荣盛发展组织的员工聚会联谊活动

4. 助学金资助

为进一步关心员工 ，减轻员工因子女考学所带来的家庭负担，落实《荣盛发展员工子女考学奖励办法》文件精神，2018 年荣盛发展为 57 名员工子女提供了助学金，践行了公司服务社会、培养人才的理念。

5. 文化活动

荣盛发展高度重视文化在员工价值观塑造、职业意识提升等方面的作用，不断提供更具活力和创新性的文化活动，如上市周年庆活动、金秋运动会、乐动俱乐部、全员观影活动等。

荣盛发展上市周年庆活动——“至真荣盛，健跑中国”

2018 年，荣盛发展加强总公司、分公司文化联动，组织了面向新公司的文化同合巡讲、面向全国各公司的上市 11 周年庆活动、《厉害了我的国》3・20 司庆全员观影活动、“聚同行，冲千亿”文化创意大赛。

荣盛发展上市 11 周年庆

荣盛发展及下属各公司定期开展团建活动，以“乐动俱乐部”为品牌形象，组织员工参与集团金秋运动会及登山、足球、篮球、羽毛球等文化体育竞技活动，让员工感受到荣盛发展大家庭的快乐与温暖。

荣盛发展“乐动俱乐部”

6. 其他

员工优惠购房、购房无息借款、物业费报销、荣盛币发放、通信补助等。

校招概况

XIAOZHAOGAIKUANG

（一）校招数据

1996 年荣盛发展成立之初，就开始了校招生招聘项目。每年，荣盛发展会根据企业整体发展规划确定校园招聘计划，至今已累计入职校招生 2000 余人。

（二）校招项目

“人才是企业竞争的根本”已成为行业共识，优秀大学毕业生的引入不仅能从“人才基因”上调优荣盛发展的人才结构，提升团队竞争力，而且在内外部业务迅速扩张的背景下，校招管培生项目也可作为管理梯队的有力补充。

目前，荣盛发展一共有 4 个校招项目，分别是鹰飞计划、“精鹰”招聘、“盛力军”和荣盛物业“新盛力”。

1. 鹰飞计划

这是为应届毕业大学生设计的一整套分阶段的成长计划，包含招聘、培训、考核、定岗定薪等方面，旨在提高优秀大学生的出苗率，达到“两年主管、三年经理、五年总监、八年副总经理”的培养目标，以搭建公司“自有人才”梯队，夯实后备力量基础。

荣盛发展鹰飞计划

大学生成长共分为五个阶段：猎鹰季、雏鹰训练营、助飞期、展翅期和翱翔期。

（1）猎鹰季：指通过公司选拔标准，脱颖而出，加入公司的阶段。

（2）雏鹰训练营：指通过系统化的入司培训和试用期引导，在公司帮助下实现从学生向职业人转变，融入公司的阶段。

（3）助飞期：指通过工作的历练，掌握专业技能，职业生涯开始起步的阶段。

（4）展翅期：指夯实专业技能，拓宽工作内容，培养管理思维，走向基层管理岗位的阶段。

（5）翱翔期：指通过担任挑战性工作，逐步胜任中层管理岗位的阶段。

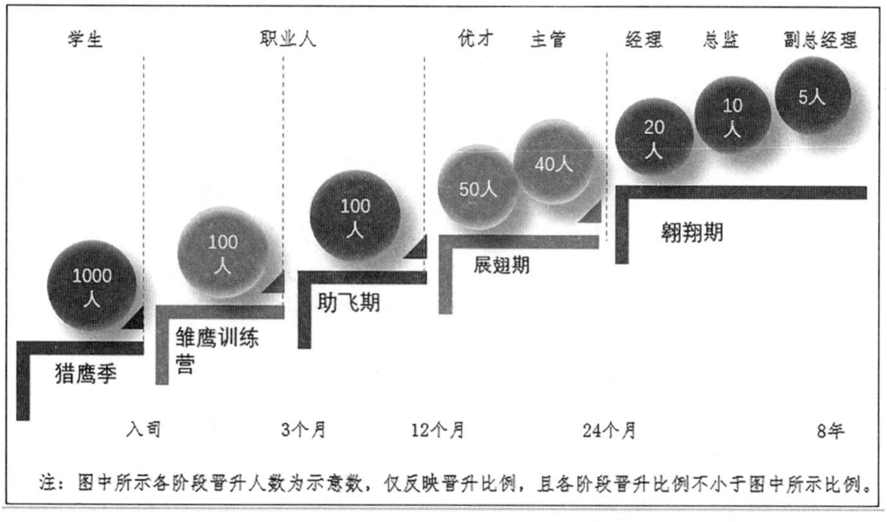

鹰飞计划各成长阶段

2.“精鹰”招聘

以“BOSS”直聘的方式，选拔优秀学生会主席（“985”“211”院校校级及重点院系学生会主席或副主席）5 ~ 10 人，以猎取具备出色商业潜质和管理能力的高潜人才，作为公司后续人才梯队的重要力量。

半年高管秘书轮岗，归属综合管理办公室编制内管理，培养“精鹰”员工作为秘书岗位必需的职业化意识和行为，如行政办公技能、公务接待要求等，提升职场素质。

半年后，由人力资源中心牵头，在各个培养出苗节点，实施多类职位竞聘机制，打通“精鹰”员工赛马通道，实现“能者上”。

3.“盛力军”

“盛力军”是专门针对荣盛康旅营销系统而培养的具备优秀潜力和执行力的“狼性”团队，致力于打造“一年优才，两年主管，三年经理，五年高管”的精英团队。

第一年：优选 60% 的人成长为优才，进入储备干部梯队。

第二年：提拔 50% 的大学生成为销售主管或者案场经理，作为团队带领者。

第三年：甄选 20% 的大学生成为部门经理，成为公司中流砥柱。

第五年：将有 10% 的大学生进阶为副总经理、总监，让大学生在 30 岁之前走上职业巅峰。

4. 荣盛物业“新盛力”

“新盛力”谐音“新生力”，寓意应届生旺盛的生命力、学习力、创造力、执行力，是公司级人才战略项目。

“新盛力”是荣盛物业针对优秀应届生打造的人才培养计划，致力于培养荣盛物业未来发展的中流砥柱。“新盛力”以“两年经理、四年总监、六年总经理”为目标，旨在快速培养“懂战略、识体系、能落地”的核心干部团队。

（三）人才画像

招募对象：全日制本科、研究生。

目标院校：“985”“211”院校；建筑新老八校、五大财经院校、天津财经大学、南京审计大学的部分优势专业；国外生源须毕业于全球排名前 300 的境外院校；其他院校优势专业的优秀学生可择优录取。

专业：2020 届已签约学生中，硕士生占比约为 74%，理工类专业占比约为 67%。

男女比：2020 届已签约学生中，男性占比约为 70%，女性占比约为 30%。

招聘标准：

- 形象：阳光自信。
- 性格：能活泼也能沉稳，有竞争意识，喜欢地产。
- 能力：学习成绩排名前 50% 者优先。

此外，奖学金、双学位、专业职称证书、高质量社会实践经验、校内项目实践、学生干部等都是加分项。

（四）招聘亮点

除多元的校招项目，荣盛发展的招聘同样颇具特色。

1. 速度快

相对于行业整体 2 周至 1 个月的招聘时长，荣盛发展的招聘遵循以选拔人才为核心目的，宣传、宣讲均为签约结果负责，流程紧凑，从宣讲到终试，2 天左右即给出反馈，终试结束当天签约。

2. 管培生未来晋升空间大

荣盛发展坚信对彼此缘分的看待是一世而不是一时，招的管培生不是普通员工，而是未来的总经理等核心管理层。在招聘中，荣盛发展尊重学生选择，兼顾学生的期望岗位和工作地点，真实朴素不包装，务实坦诚不做作，理性客观不忽悠，安排学生提前走进荣盛发展了解情况，让彼此都能够作出最真实的选择。

3. 设置暑期实习生“提前批”

让学生错开找工作的高峰期，直接在暑期实习结束时就能拿到 offer。据统计，每年平均约有 1/3 的暑期实习生会在实习结束后直接拿到 offer。

荣盛发展暑期实习生见面会

4. “毕业季，荣盛带你盛行天下”活动

荣盛发展为大学生毕业旅行定制化提供 1+1（一人得奖，双人结伴免费出行）“盛行天下”：精品荣盛康旅产品最高五天四晚品质游、酒店服务 VIP 接待、旅游精品项目的免费提供、精美自助、五星级酒店客房升级服务等。

（五）培养计划

除特色校招项目之外，荣盛发展在应届生的培养方面同样非常用心。

“鹰飞计划”设置有专属的培养发展通道，根据大学生成长发展特点，设置大学生职业发展路径，并开设“雏鹰训练营”“展翅训练营”“翱翔训练营”等专项培养项目，打造大学生专属培养发展通道；通过科学的培养手段，采用融“育、用、评”岗位实践、双导师沟通辅导、理论培训及考核评估为一体的方式加速学生培养；以大胆任用的文化理念，在大学生成长的每个阶段都有选拔标准，胜出者即可进入下一阶段，加速成长。整个“鹰飞计划”培养时间为 8 年。

荣盛发展应届生培养集训

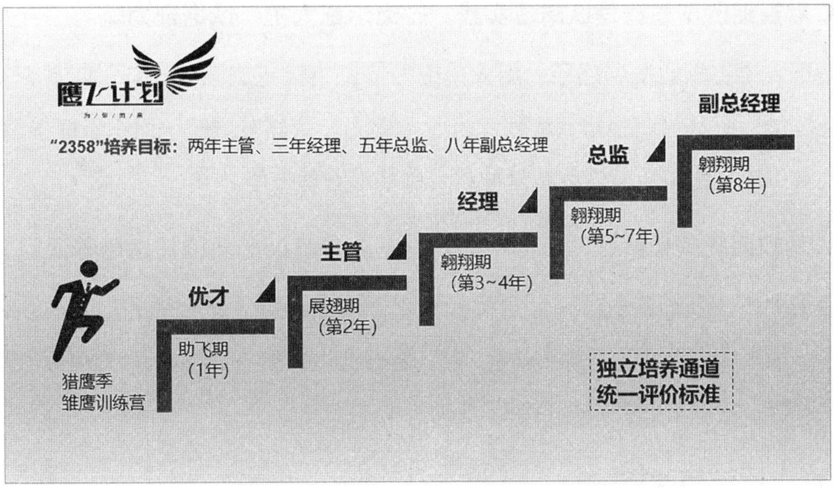

1. 雏鹰训练营的成长管理以培训和引导为主

荣盛发展在大学生入司当天开始，组织以“奋斗青春，创享未来”为主题的雏鹰集中培训。分公司和所在部门于大学生到岗 10 天内，组织岗前培训，并于到岗当天为其分别配置入职引导人和职业导师。

入职引导人原则上由分公司的人力负责人、总部人力资源中心的经理级人员担任，重点为团队及文化融入引导、生活帮扶、职业化成长辅导，引导期限为 1 年。入职引导人与被引导人原则上每月至少 2 次正式面谈沟通。

职业导师原则上由被引导人的间接上级担任，重点为专业提升督导、协助完成职业规划，期限为 2 年。入职 1 周内进行“破冰”辅导，之后主要在一些重要的成长转折点（如出营、优才评选、晋升等）进行辅导，并接受大学生的成长咨询。

2. 助飞期的成长管理以岗位实践为主，以培训为辅

为大学生安排合适的岗位进行实践锻炼，学习掌握基础业务技能，以达到岗位胜任力要求。根据大学生职业发展路径制订培养计划，为表现突出的大学生提供岗位内业务模块间工作轮换的机会，使其拓宽业务技能。

助飞期结束前，各用人单位组织回炉培训，提升大学生的职业化素养和技能，并帮助其进行职业规划。

3. 展翅期的成长管理以岗位实践、轮岗历练为主，以培训为辅

根据大学生职业发展路径，用人单位为每位主管定制培养计划，使其夯实并丰富业务技能，拓宽管理视角、加强综合业务能力。荣盛发展统一组织新任主管培训，增加大学生的文化同合、培养其管理意识和基本管理技能。

4. 翱翔期的成长管理以工作中提升为主，并辅以必要的加速培养项目

赋予更多的责任和机会，通过挑战性工作实践锻炼，达到能力提升与职级晋升的同步。根据大学生职业发展路径，制订培养计划，并在其成长的关键节点开展加速培养项目，提高其业务技能和管理能力。

（六）晋升与考核

1. 晋升

以工程及营销系统为例。

（1）营销人才职业发展路径规划为：2 年主管、3 年经理、5 年总监、7 年城市副总经理、8 年区域副总经理。依据人才能力差异共分三个达成通道：项目管理通道、职能管理通道、综合发展通道，分别以强项目、精职能、优综合为路径出发，让人才充分发挥自身优势，使不同能力、不同岗位的营销人才均能实现职业发展目标。

（2）工程人才职业发展路径规划。以项目、职能、职能细分（成本 / 招采）三个不同出发点设计三个达成通道：项目工程路径、职能工程路径、成本 / 招采路径，分别于第 11 年、第 12 年、第 13 年达成区域工程副总经理的职业发展目标，三个通道均从一线工程师岗位出发，依据各岗位及人才能力差异，经项目工程负责人、职能工程负责人等关键岗位历练，最终达成职业发展目标。

2. 考核

荣盛发展遵循“80/20”法则，在大学生成长的每个阶段设有选拔标准，胜出者方可进入下一阶段，继续获得公司的培养资源。

以鹰飞计划为例。

（1）按照既定职业发展路径及制订的培养计划，每次晋升 / 轮岗前，进行相应的考核评估，通过者方可按计划晋升 / 轮岗；未通过者继续在岗位实践或调岗至可胜

任岗位，不再加速培养。

（2）展翅期结束前，参加经理考核评估，获取经理资格不低于主管总量的 80%。

（3）翱翔期考核与展翅期相同，每次晋级 / 轮岗前，进行相应的考核评估，通过者方可晋级 / 轮岗；未通过者继续岗位实践或调岗至可胜任岗位，不再加速培养。获取总监资格不低于经理总量的 50%，获取副总经理资格不低于总监总量的 50%。

（七）薪资福利

不“土豪”但丰实，全方位满足员工需要。

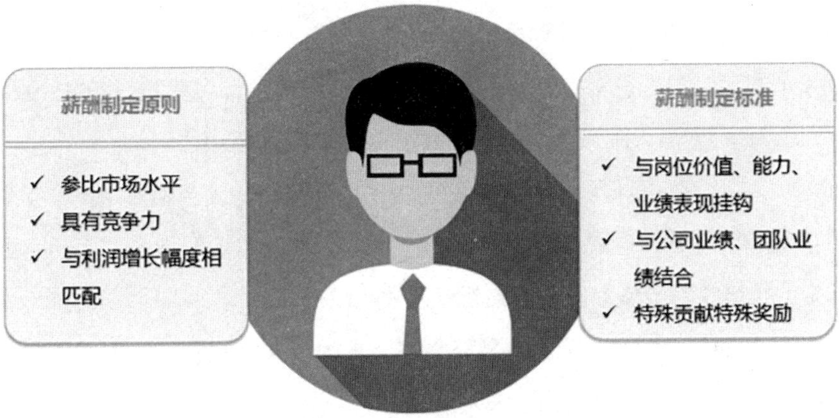

荣盛发展薪酬制定原则与标准

薪酬分级：最高 27 万元年薪，入职首月发放置装费 1500 元，一年后发放 1 万元安家费，另有住宿安排或提供住宿补贴。

绩效导向：遵循“干多干少不一样、干好干坏不一样”的原则，对能力强者的激励会体现在绩效奖金和晋升速度上。

荣盛券：内部积分，可在荣盛发展旗下产业及合作项目消费，每年年底会根据当年的职级和考核进行发放。

内部员工优惠：购买公司住房免物业费；在公司旗下产业如酒店消费享受内部员工价格；内部员工购房最高享受总房款 10% 的折扣。

购房无息借款：内部员工可享受总房款 10% 的无息借款。

其他：五险一金、公司食堂、节日福利、年假、免费班车等。

四 总结
ZONGJIE

荣盛发展立足河北，延伸至全国，经过 24 年奋斗，已由一家单纯的地产开发公司成长为集地产开发、康旅投资、金融投资、互联网创新于一体的全国性知名大型多产业综合集团，旗下员工超过 2 万名。

自成立以来，校招生的招收与培养始终是荣盛发展的重中之重，通过为大学毕业生制订专属的鹰飞成长计划，提供广阔的内部晋升空间，帮助校招生迅速蜕变为公司核心员工。目前，公司 1/3 的管理层均来自校招生，公司培养的校招生达到 2000 余人，其中数百人陆续走上行业中高层领导和管理层岗位。

2020 年，荣盛发展将成为以大地产为主干，大健康、大金融为两翼，互联网等新兴产业为辅助的多产业综合集团公司。这是从地产商向管理规范的生活方式运营商的转变，也意味着荣盛发展将迎来新的人才建设目标。

人才是企业立足之根，荣盛发展努力打造优秀的人才团队，并推动行业人才队伍发展壮大，共同建设美好社会新未来。

易居集团

地产营销人才的“黄埔军校”

8

CHAPTER

主编推荐语

作为房地产业的优秀服务生，易居集团旨在成为中国房地产行业航母级交易综合服务平台，服务于开发商、中介机构和资产所有人。经过 20 年的发展，易居集团已在全国拥有超过 2 万名员工，为行业培养了大批卓越的营销人才。基于“年轻化人才战略，梯队式系统培养”的人才理念，易居集团打造了“未来领袖”“金种子”等管培生项目，已吸收近万名大学生加入，成为地产行业营销人才的“黄埔军校”。

企业概况

QIYEGAIKUANG

易居企业集团（以下简称易居集团，股票代码 2048.HK），旨在成为中国房地产行业航母级交易综合服务平台，服务于开发商、中介机构和资产所有人，拥有全直营管辖的业务版图。旗下易居营销、易居房友、克而瑞、易沃教育等特色业务，全面覆盖新房代理服务、房地产经纪共享服务、房地产大数据应用服务和行业人力资源综合服务，打造交易服务和赋能服务两大服务平台；服务 100% 中国百强开发商，实力股东背书，合力探索和打造后房地产时代新高地。

（一）企业历程

2000 年，易居集团诞生，以易居管理（当时亦称为上海房地产住宅消费服务有限公司）的名义开始运营。

2002 年，易居集团推出 CRIC 系统最初版本。

2003 年，易居集团将一手房代理业务从上海扩展至其他城市。

2004 年，易居集团业务的前控股公司易居（中国）控股成立。

2006 年，易居集团荣获中国房地产估价师与房地产经纪人学会授予的“全国优秀房地产经纪机构”，荣获中国房地产 TOP10 研究组授予的“中国房地产策划代理行业领先公司品牌”。

2007 年 8 月，易居（中国）控股在纽交所上市。

2008 年，易居（中国）控股连续第四年被中国房地产业协会、国务院发展研究中心企业研究所、清华大学房地产研究所及中国指数研究院列为中国房地产策划代理百强企业第一名。

2009 年，中国房产信息集团（当时房地产数据及咨询服务业务的控股公司）部分从易居（中国）控股分拆出来，并于 10 月在纳斯达克上市。

2010 年，中国房产信息集团开始提供房地产测评及排名服务。

2012 年，根据中国房产信息集团合并协议，中国房产信息集团成为易居（中国）控股的全资附属公司。

2016 年，推出“房友”房地产经纪网络，易居（中国）控股私有化，并从纽交所退市。

2017 年，战略投资者于筹备全球发售时对易居集团作出首次公开发售前投资。

2018 年，易居集团于 7 月 20 日在港交所上市。

（二）主营业务

1. 易居营销

易居营销是中国名列前茅的新房代理服务平台，坚持以客户满意度为宗旨，做好客户的服务生，不断精进创新。易居营销目前已累计代理上万个楼盘，项目涵盖数百座城市，拥有数万名一线业务员，连续 19 年不断刷新中国楼市纪录。

2. 易居房友

易居房友作为行业内的第三方经纪服务平台，自 2016 年 1 月成立至今，以“共建、共生、共赢”为理念，依托易居集团庞大的资源体系，为全国中小微经纪公司提供综合赋能服务。截至 2018 年底，易居房友在全国已服务万余家门店。

易居房友通过房源共享、技术共享、知识共享、人才共享来进行行业创新引领，通过整合资源、搭建平台、服务中小微公司，打造一个规范、专业的房地产经纪共享服务平台，与中小中介变革共生，共赢未来，最终实现中介与客户的多赢格局。

3. 克而瑞

克而瑞成立于 2006 年，是行业领先的中国房地产大数据应用服务商。依托强大的专业研究力量和咨询顾问团队，克而瑞服务于 TOP100 强中 95% 以上的房地产企业，并为政府、企业和购房者提供房地产线上与线下信息服务的全面解决方案。

经过 10 余年淬炼，克而瑞从行业数据到客户数据，实现了房地产大数据闭环。依托中国房地产决策咨询数据平台（CRIC）和中国房地产资管信息服务平台（CAIC）的支持，克而瑞业务覆盖地产、资管、租赁、证券、物管、科创等领域。其创新研发产品 CRIC 系统、投资决策系统、数据营销系统、场景化大屏、栅格土地评估系统、租赁系统、CAIC 投管云、资管云等，为大量房企提供了决策依据。

（三）企业文化

易居集团始终坚持以文化作为企业管理的重要抓手，以身心健康的理念与举措提升员工的满意度和幸福指数，打造幸福企业。

易居集团把员工的身心健康作为企业工作的重点之一，员工不仅是企业最宝贵的财富，更是企业蓬勃发展、基业长青的重要基石。易居集团自上而下以“大海、大雁、吃蟹、亮剑、工匠、销冠”为六大精神，倡导健康、阳光、正能量的企业文化，组建员工文化组织，举行形式多样、内容丰富的有益员工身心健康的各类活动。如关注员工“身”健康的易居运动汇、易居跑团，邀请专业指导老师提供瑜伽课、塑形课、初跑训练营、减脂训练营及理疗等服务；关注员工“心”健康的易居艺术荟则与易居摄影俱乐部携手，举办摄影俱乐部月赛、每日一图及易二代夏令营等活动，关怀员工及其家庭。

易居集团文化活动

（四）企业荣誉

从 2000 年创立之初起，易居集团就受到了业界的广泛认同，连续 16 年获得营销代理企业金桥奖，连续三年获得中国房地产开发企业 500 强首选服务商品牌（营销代理类）。近两年，易居还获得了以下荣誉：

2018 年中国企业健康管理十佳雇主；

2018 年中国房地产年度教育公益贡献奖；

2019 年中国大学生喜爱雇主；

2019 年人力资源数字化管理实践典范；

2019 年中国企业大学 TOP50。

易居集团在取得卓著成就的同时，也赢得了很多年轻人的青睐。

三 人力资源体系

RENLIZIYUANTIXI

（一）人力资源数据

目前，易居集团员工总数 2 万多人。易居集团提倡年轻化人才战略，员工平均年龄小于 30 岁，其中 50% 以上为“90 后”员工。

易居集团每年校园招聘人数约占总招聘人数的1/10，为全国各省区市院校提供了大量实习就业岗位。除校园招聘外，易居集团还大力推广内部推荐、同行转介和社群新媒体等社交圈层招聘渠道。

（二）用人理念

易居集团的用人观是“年轻化人才战略、梯队式系统培养”。

作为一家服务商，易居集团在人才发展与培育上矢志不渝地努力与创新，希望打造一座连接社会、行业、学校、人才与企业的桥梁，吸纳并挖掘各方优秀人才。

作为一座“黄埔军校”，易居集团让人才在企业内获得快速成长，为客户提供更好的服务、创造更大的价值，形成自己的核心竞争力。

现在，“90后”“95后”已经逐渐成为职场主力军，不久“00后”也将加入，职场代际问题成为大家关注的热点。易居集团正在积极拥抱这一趋势，以更有活力、更加丰富的企业文化，去关注年轻人的身心健康；同时鼓励创新、鼓励内部“创业”，并且给予员工丰富的资源和大力支持。

（三）培训体系

为了更好地培养人才，易居集团建立了“一站式”行业人才培训晋升体系——易家人才学院。学院师资力量雄厚，通过资源整合以及创新运作，给学员提供优质的课程，倡导将学习成果转化为实践，并且在实践中不断创新。

易家人才学院

学院校训
身心健康（倡导身体与心灵双重建设） **唯实求真**（倡导要实际真实 贴近实用） **敬业乐群**（倡导职业精神和团队精神）
厚德笃学（倡导道德与学知的共同学习） **践行创新**（倡导将学习成果转化为实践，并在实践中不断创新）

学院定位
从被动学习到**主动学习** 从资源壁垒到**资源整合** 从免费学习到**收费学习**
从无序到认证**师资课程** 从普通平台到**创新运作**

雄厚师资
沉淀实践、总结经验 从一线中来，到一线中去
由企业高管担任客座教授、首席讲师 由基层骨干担任认证讲师

1. 讲师队伍建设

易居集团集结了一支覆盖各层级的师资力量。在易家人才学院成立之际，易居集团以颁发聘书的形式，邀请集团经营班子担任客座教授，城市公司管理班子、中后台职能线总监担任首席讲师，讲师每年均承担课件开发和授课课时的指标要求。

另外，由易居集团牵头组织的“牛师训练营”“天团讲师”培养项目，累计为易居集团选拔了 56 名讲师，组成了一支集团认证的讲师队伍。除此之外，易居集团各城市公司均吸纳优秀业务骨干组成城市讲师队伍，仅 2019 年上半年就有 2000 多名城市讲师，上半年授课 3000 多次，累计课时达 4000 多小时。

2. 业务协同建设

通过各种产品化服务，易居集团将企业大学的价值与企业业务战略连接，将重点项目与重点业务挂钩，以最适合的方式和服务内容，为不同业务条线、职能部门提供产品服务与绩效支持。易居集团自主研发、定制开发的方法论课程，面向全岗、全员、全梯队提供支持。以下项目为易家人才学院对业务协同的部分成果。

销冠节：作为以销售为核心的企业，销冠无疑是宝贵资源。自 2018 年起，每年 3 月 18 日定为“销冠节”，当日同时举办集团和城市的销冠节活动，包含高规格总经理晚宴、销冠分享交流会、海外旅游等，给予销冠们充分激励。

工匠杯：锁定策划专业条线，通过报告的创新力、专业力、可行性等维度考评策划条线专业能力，整个过程也是策划方法论萃取与策划骨干力量挖掘的过程，策划人才梯队可以不断打磨自己的服务专业力。

职能条线培训：针对中后台职能条线，如财务结算条线、品牌条线、HR 条线、法务条线、行政条线，易居集团每年会根据企业战略安排不同的培训内容，力争帮助职能条线员工贴近业务、了解业务，做业务的好搭档。易居集团“金牌品牌官”“金牌管家”“HR 新视野”等已形成产品化培训项目，获得内部高度认可。

3. 易居在线学习平台

紧跟易居集团新时期业务新价值链的变革，用平台化思维与服务，打通组织机体的板块卡点，绩优整合营销、克而瑞、房友三大板块资源，服务于战略、业务、文化、竞争的需求。同时，易居集团重构企业资源整合与配置，跨板块整合师资课程，建立业务协作的桥梁，打造PC、移动双知识平台，覆盖全岗位、全流程的最新案例与实战经验。

易家人才学院在线学习平台曾获得51JOB评选的最佳在线学习平台奖，全年累计浏览量“150万+”人次，上线课程达1800余门。

在得到岗位实战之外的知识技能补充的同时，员工根据岗位学习路径，在平台上进行课程自学，通过签到、分享、点评、答疑、充值等方式来赚取学习币，解锁精品课程。在线学习平台通过学习币的激励模式，将线下与线上串联，实现集督学、促学、行为转化于一体的功能。平台的学习记录板块，记录着员工点滴的成长过程，不仅便于复训与回顾，还让学习变成了一种通关游戏，提升了学习的乐趣。

易居集团以各条线岗位培训、员工自主学习和岗位技能大赛等形式，紧贴业务重点，环绕业务价值链，弥补技能缺口，支持员工职业发展；通过在线学习平台，营造出学习型企业组织氛围，实现全岗位、全能级、随时随地便捷高效自主学习，激活了员工内驱力。

经过将近20年的实战经验沉淀，易居集团形成了一整套成熟完善、阶梯式、多元化的人才培养体系。通过招聘、测评来发现人才，通过人才梯队建设、业务协同项目、组织保障体系、学院双平台（移动和PC）、全岗位全流程体系进行人才的全面培养；再通过带教、科考、晋升做到人才的持续发展。易居集团将人才生态体系落位到具体情境维度中，实现从总部到地方协同发展，为企业人才选、用、育、留的顺畅进行提供了保障与支持。

（四）人才发展

在人才梯队建设方面，易居集团为员工制订了清晰的职业发展路径和培养计划。

针对大学生的培养项目“未来领袖”“金种子”“新瑞计划”已连续开展多年，为应届毕业生提供了初入职场的优质渠道，也为易居集团的业务补足了基层员工缺口。

针对内部员工，易居集团制订了分层清晰的培训计划，例如基层管理者“金牌经理”、中层管理者“星火计划”、高层管理者“继任者计划”等，千余名储备干部从基层管理到高层决策，上升渠道畅通，职业发展可期。

易居集团丰富的培训和培养计划

1. 针对高层管理者的“继任者计划”项目

易居集团围绕“人才盘点—人才测评—个人发展计划与业务单元经营计划—针对性培养与发展—管理专业通道双选”等核心环节，整合国内外的优势资源；采取社群混学、项目游学、领导班子全员参与授课分享等方式，进行文化熏陶和精神传承。

易居集团通过设定城市经营白皮书的任务来对学员所在业务单元进行模拟经营与规划，同时获得一对一的导师定期辅导、教练与反馈，结合针对性的个人补强发展与潜能激活等学习，实现从管理者到经营者的认知、实战和境界的全面升级，最终将测评、考核与职涯自选相结合，实现人岗匹配。

易居集团现有的城市公司经营管理者中，50% 以上出自高层管理者“继任者计划”项目。

2. 针对中层管理者的“星火计划”项目

本着“在战争中学习战争”的思路，易居集团将“赛马中相马”的人才培养思维贯穿始终，让人才的发现与培养由静态转变为动态，通过运用岗位典型工作任务模型，任务制与行动学习相结合的方式，以战带训。

“赛马”让学员将命运掌握在自己手中，在一个公平竞争的舞台上全情投入地施展才华；“相马”则辅助企业辨别学员与岗位的匹配度，从而优胜劣汰。这个过程也让学员通过向他人学习、交流以及导师的反馈，对自己的角色重新理解。学员通过真实的工作任务情境与导师指导，真正做到“在战争中学习战争”。学员还可以提前感受目标岗位的实际工作体验与工作要求，建立目标岗位的角色感和应有的思维方式与价值观。

该项目从 1.0 起步发展到目前的 5.0，不断迭代、优化和完善。易居集团已打破板块业务和集团管控的壁垒，让新房代理、二手房经纪、大数据三大业务融为一体，实现资源共享、人才互通、全面整合、活化组织、赋能干部的目标，实现板块、条线、职能、岗位全覆盖。

3. 针对基层管理者的“金牌经理”项目

针对基层管理者所要具备的能力素质要求和业务发展战略，易居集团以实现人企融合、人岗融合，提升经理所负责案场的业绩水平和绩效产出能力为培养目标，以建立共同价值观为基础，通过培养服务意识、服务能力及管理、销售能力，营造学员发生改变的环境场域，培养岗位技能专业知识、管理与领导力；除集中培训外，以不断跟踪的综合学习方式，帮助经理完成转型，胜任岗位工作。

4. 针对储备管理者的“未来领袖管培生”项目

大学生的培养就是朝着融入企业、融入团队、融入岗位并与企业互信发展的目标，通过符合新生代特点的人才培养体系，使其在工作岗位中实现个人价值，完成企业传帮带的使命。

“90 后”“95 后”对自我实现、尊重、兴趣、情感等精神需求更为注重，因此易居集团在制订培养计划时遵循“三度”原则：有温度、有高度、有专业度。

“有温度”是充满人情味和趣味性，让大学生感受到安全感、成就感和荣誉感，让学习与成长充满新鲜感；“有高度”是体现出公司大品牌的航母格局，呈现严谨的组织架构，让大学生看得见未来；“有专业度”是以企业文化与价值观熏陶、岗位所需要的知识框架与思维模式培养为主线，以军训、体验式拓展训练、案场实操等发挥新生代的主观能动性和体验式学习。进入工作岗位后，易居集团也会给每一位管培生配备带教师傅，制定带教目标、方案，分阶段实施并检核，让管培生的持续成长落实于工作实操中。

易居集团人才梯队的四大项目，通过分层分级培养计划，进一步助力员工的快速升级。

（五）员工关怀

除了清晰的人才培养计划，易居集团始终坚持以文化作为企业管理的重要抓手，以身心健康的理念与举措提升员工的满意度与幸福指数，打造幸福企业。

对于销冠员工，除高额业绩激励外，易居集团每年都会举办销冠节活动，邀请员工及其家属参访集团和海外分公司，集团高层领导会进行面对面交流沟通。对认证讲师，每年都会举行相关活动，如牛师训练营、讲师沙龙等。易居集团还会不定期举办企业开放日，邀请员工的亲朋好友来到公司参观和交流。

易居集团积极倡导健康、向上、正能量的企业文化：组建员工文化组织，举行形式多样、内容丰富的有益员工身心健康的各类活动，由高层带头推动，员工踊跃参与。易居集团还为员工准备了全新的福利，员工通过日常锻炼、学习及参加文化活动可获取积分，兑换福利商品等；员工依据司龄，还能领取司龄礼物。

三 校招概况
XIAOZHAOGAIKUANG

（一）校招数据

易居集团管培生项目，是针对应届大学毕业生量身定制的人才培养计划。近年来，易居集团的校招规模正在逐渐扩大，从 2016 年到 2019 年的四年，累计录用了 7000 多名应届生，培养出了很多优秀的人才，晋升率达到一半以上，不少优秀学生如今已是公司内的骨干力量，从中可见易居集团在校招人才选拔培养方面的完善措施与重视程度。

（二）校招项目

易居集团为培养未来管理人才、专业人才和营销人才，满足自身持续发展，实现愿景目标而实施的管培生项目，2010 年至今已经开展了多期，具体如下：

“未来领袖”管理培训生项目（针对国内院校应届生），至 2019 年已招募 9 期；

海外管培生（针对海外院校应届生），至 2019 年已招募 2 期；

易居营销储备干部项目——“金种子”计划，至2019年已招募9期；

克而瑞储备干部项目——新瑞计划，至2019年已招募8期；

房友储备干部项目——锋芒计划，至2019年已招募2期。

1.“未来领袖”管理培训生项目

“未来领袖”项目旨在吸引一批有发展潜质、认同易居企业文化的优秀大学毕业生加入。

管培生通过“未来领袖”项目进入易居集团之后，发展路径非常清晰：优秀的人1年可达到经理级；2年达到总监级；在不同条线的历练下，3 ~ 5年就能够成为事业部负责人或者专业线负责人。

（1）在招聘方面，有外部渠道和内部渠道。应届生可以通过校招发布会、校园宣讲会、网申平台、微信公众号等投递简历；往届学员也可以通过内部员工推荐投递简历。

易居集团的多渠道招聘

（2）在选拔流程方面，易居集团建立了清晰的管培生用人标准，设置了4轮筛选淘汰机制，全方位寻找合适的人才。

针对线上校招，易居集团进行全流程跟踪，高效筛选简历，及时向应聘者反馈情况。易居集团还会通过胜任力测评，从知识技能、个性、能力、价值观等多维度，对人才进行岗位匹配。此外，易居集团的面试形式也是多样化的，包括企业开放日、精彩辩论赛以及游戏化面试等。

易居集团招聘面试中的细节布置

（3）在培养模式方面，“未来领袖”项目包含了5个部分：专业培训、区域轮岗、深度实践、项目实战以及考核评估，全面挖掘管培生的潜力。

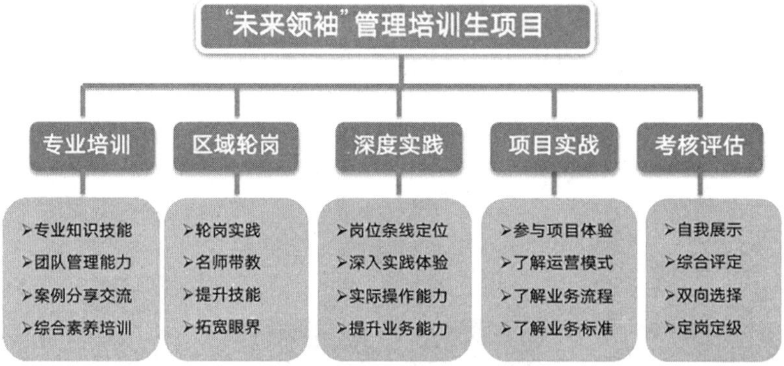

入职以后，管培生会在总部接受集团特训，通过封闭式半军事化训练、大咖授课、学长分享以及案场体验等，更好地认知企业文化、融入团队。经过集团特训之后，管培生会在全国或城市重点项目中进行实操演练，定期在线上学习各条线专业知识，夯实基本功。

集中式、模块化、趣味性的学习体验

学习	活动	考核	社群	创意
14门课6场分享	4大特色模块	4大维度	1个活跃社群	3个新创意
地产新人必知	案场拜师	日常表现	微信群	辩论赛
公司新人必知	主题拓展	拓展表现	掌上课堂	一站到底
名师嘉宾传道	开营仪式	团队竞赛	回顾复习	个人测评报告解读
职业生涯规划	结训仪式	结训汇报		

易居集团管培生集训的体验设计

集训中还设计了富有趣味性的竞赛模块和活动环节，学员们积极参与，受到广泛认可。

易居集团管培生集训中的趣味性竞赛和活动

管培期间，管培生会在业务线、专业线、管理线进行轮岗实践，在导师专项带教计划下总结方法，修炼思维。管培期结束之后，易居集团会根据学员个人意愿以及公司具体情况进行双向选择，对管培生重新定岗定薪定级。

在轮岗期间，学员通过了解各条线工作内容，可以确定个人发展方向。

营销线的轮岗：管培生由销冠带教，尝试开首单；对几名销冠进行采访，体验案场销售工作。策划线的轮岗：管培生由策划师带教，撰写客户地图、市场项目报告等，体验策划专员工作。

后续还会有不同的管理者进行带教，如由专案经理带教，组织一场案场辩论赛，撰写微课件等；由事业部总经理带教，自己讲解微课，参加管理会议以及客户提案等；由高管带教，轮岗任务涉及讲解课程、参加烧烤会、撰写一份未来5年的职业规划书等。

在深度轮岗期，管培生确定了自己的初选岗位后将进行专业上的深度学习与锻炼，通过定期检核，细化个人目标，能够得到进一步成长。

（4）在导师带教方面，管培期间每位管培生配备导师一名。导师会与学员定期面对面沟通一次，主要负责职业辅导、专业点拨、视野拓展、课题研究指导等。导师专项带教制度通过“带、教、检”三合一、“认知、情感、行为”三位一体的方式，最终实现学员人企融合、人岗融合的目的。最后，在导师的指导下，学员还要进行专项课题研究，在管培期末提交课题报告，并且参加管培期汇报答辩。

（5）在城市定制培训方面，各城市公司会给管培生定制专项培养计划，通过基础培训、专业深化、项目轮岗历练，帮助管培生由浅入深、从“学习”到“执行”再到“管理”，实现三步飞跃。

易居集团管培生在各城市公司接受专项培养

掌握了理论知识后，管培生会进入一线进行实战演练。学员们从零开始，学习踩盘、撰写市调报告，进入销售环节，在深入历练后对项目操盘及销售流程会有更深的理解。此外，轮岗期间，管培生还要定期复盘、汇报分享，在任务中提升团队的凝聚力、执行力、领导力。

根据业务发展及人才发展需要，易居集团还会举办岗位竞聘赛，最终结合拓展表现、轮岗表现、竞选简历、个人演讲四大维度，综合评选提拔优秀人才。

2.“金种子”计划

易居集团业务快速扩张，新增代理服务项目批量增加，导致人员缺口与人员素质缺口双向递增，需要大量符合企业价值观及岗位要求的一线销售人员，来满足全国范围内上千个项目的优质服务。加之，易居营销集团是以服务为核心，以人为第一资产的企业，其中 90% 以上的员工为一线销售人员，新员工的培养就成为人才培养的重中之重。

易居集团 2010 年启动大学生培养项目，最初集中资源针对具有管理和销售潜能的应届大学毕业生，实行一整套培养的机制。经过几年的摸索、迭代以后，结合业务的切实需求，从 2015 年开始，易居集团专门以一线销售骨干“子弟兵”为培养目标，设计“金种子”计划。

“金种子”计划从选人开始，就会选择与企业文化匹配的“对味儿”的人，然后通过符合新生代特点的人才培养过程，让这些"种子"成长为与岗位要求"对位"的"金种子"，在所在城市公司成为一个正能量的传递者，完成企业基因传承的使命。

"金种子"计划由总部牵头，多城联动，培养计划包括四个阶段：全国选拔、集中特训、项目历练、轮岗实践，为期 6 个月左右。

全国选拔阶段，易居集团会根据测评系统对应聘者进行性格、能力等多维度分析。只有热爱房地产行业，愿意接受挑战，具有较强的抗压能力、学习能力及沟通能力的"金种子"，才能进入培养阶段。经过集中特训之后，管培生会在项目历练和轮岗实践中进行深度学习。

"金种子"以"90 后"大学生为主，在整个项目安排过程中，集中进行特训课程、分享、特色模块、考核，建立活跃社群和激励。集训以企业文化与价值观熏陶、岗位所需要的知识框架与思维模式培养为主，以军训、体验式拓展训练、案场实地体验等为辅，充分挖掘新生代员工的能力。

集训内容方面，易居集团在原有早晚课、军训、健康比赛、野外拓展等传统学习活动基础上，新增了饺子会、企业文化创意演绎、观影会、读书会等活动，学员在实践中能够更好地体会企业文化的精髓。

"金种子"计划集训记录

在培训管理方面，集训采取多部门协同作战，分工分职不分家，360° 全方位管理，为学员打造完美的学习体验。

班长：全国甄选优秀案场经理，作为每班的“大家长”，管理班级事务。

教官：选拔公司内部优秀教官，带领学员进行早晚训练及日常纪律管控。

后勤：保障学员与工作人员的衣、食、住、行。

HR 班主任：了解学员学习进展及状态，关心学员身心健康。

教务：课程、活动、讲师统筹安排工作。

在考评方面，易居集团通过五大维度综合考评，个人、团队成绩双向关联，合理设置各项权重，最终在结训时评选出优秀团体及个人等奖项。

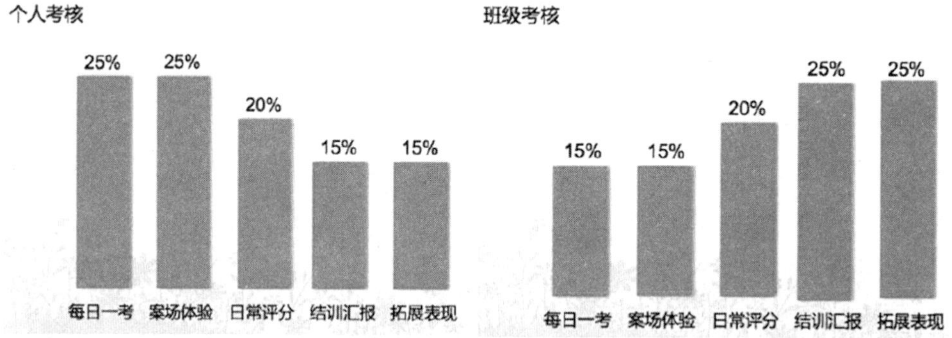

“金种子”集训考核评分占比

在人才留用方面，为确保已经受千锤百炼的“金种子”们能够最终留下，易居集团设计了二级追踪体系，由城市、集团 HR 层面共同对“金种子”予以培养和跟踪管理。集团层面，进行带教满意度调研，不定期对各城市学员带教执行情况、稳定率、出才率予以检核、跟踪；城市层面，负责所在城市学员的带教方案、计划的落实与检核追踪，同时还要承担学员职业发展引导的工作。在二级追踪体系的基础上，易居集团将“金种子”的出才率、流失率与城市管理班子的年度管理考核挂钩，确保“金种子”们得到持续的培养和关注。

在培养理念方面，易居集团以认知、行为、情感作为人才培养的“三驾马车”，通过线上与线下培训、导师带教和实践，以及人为关怀和团建等环节，让新人朝着认同企业、融入团队、胜任岗位、互信发展的方向改变。

“金种子”培养计划的每个阶段，员工的心态和需求都是不同的。从认知、情感、行为上匹配新人的需求，实现企业的要求，是“金种子”计划设计的核心所在。三位一体的培养方式，能让学员发自内心地改变，从而提升绩效水平。

因为培养计划更贴近实际，通过培训的学员到区域公司里很快就能融入岗位，快速投入工作。部分“金种子”自身能力强，个人成长快速，已被提拔为案场销售主管、销售经理，逐步走上初级管理岗位。优秀的人才在内部专业培训以及区域岗位历练下，已经成长为易居集团的中流砥柱。

（三）人才画像

除了清晰的人才培养计划，易居集团也制定了标准的用人原则，大力寻求与岗位相匹配的人才。

招募对象：全日制本科 / 硕士应届毕业生。

目标院校：“985” / “211” / 一本 / 二本院校。

招募专业：

营销策划岗位——市场营销、房地产、广告设计、文学类等；

综合管理岗位——人力资源、财会、统计、工商管理、法学等；

研究咨询岗位——房地产、规划设计、建筑学、经济学、信息分析、统计学等。

招募标准：

高融入：热爱房地产行业，认同易居文化；

高潜能：出色的思维能力、学习能力，善于分析解决问题；

高绩效：高执行，强业绩，能快速具备岗位胜任力；

高成长：发展目标明确，能够不断地突破自我。

（四）招聘亮点

1. 主题校招发布会

每年在校招项目启动时，易居集团都会举办一场大规模的校招发布会，以聚集人气，提升企业雇主品牌影响力。

2017 年在广州举办首次高规格、高影响力的校招启动会，由易居集团高层领导莅临现场发布校招项目计划，并邀请了 60 位院校领导、老师到场，覆盖广州近 30

所高校，聚集了300多名高校学生，网络同步直播达20000观看人次。

易居集团广州校招启动会

2018年在重庆举办以“健康、运动、交流”为主题的户外启动会，与重庆大学等12所高校及500多位大学生共度一场别开生面的互动秀，不仅以新颖的形式全面展现易居集团成长平台，更突破性地发布“千人百校计划”人才战略，目标签约百所高校，储备千名优秀人才，同时在全国7个赛区8个城市冠名举办第二届全国大学生房地产创新能力大赛。

易居集团重庆校招户外启动会

2019年在西安举办以“PICK梦想”为主题的启动会，到场学生人数创新高，达1200余名。同时，会上发布了“G50校企战略联盟”计划，与清华大学、重庆大学、西安建筑科技大学等25所高校举办了首批合作高校签约授牌仪式，掀开易居集团人才战略新篇章。

易居集团西安校招启动会

2. 人性化的招聘流程

企业开放日、贴心小礼品、学长学姐分享、游戏暖场等环节，都会帮助候选学生提前融入、了解公司。

易居集团企业开放日

3. 多样化的面试选拔形式

重视面试体验感，举办辩论赛、情景模拟、游戏化面试（狼人杀、搭乐高）等。

（五）薪资福利

易居集团的薪酬体系非常完善，除了固定薪资收入、“五险一金”以及考核奖金外，还有很多福利，例如男员工陪产假、生日福利、年假等。

易居集团薪酬福利体系

四 总结
ZONGJIE

易居集团一直以来都在用自由与开放的心态，拥抱来自校园的新生血液。管培生校招项目、校企合作计划，不仅让行业、社会看到易居集团在大学生招聘培养领域的创新举措，也宣示着易居集团在人才战略上持续发展、全力投入的信心与决心。

在过去的几年间，全国各地有多达万名的大学生加入易居集团，用青春、微笑、智慧和健康，为学校、为行业、为社会贡献自己的力量。在内部，易居集团为大学生提供了完善的教育培养与人才晋升体系；在外部，通过不断创新的校企合作，嫁接学校与企业、学校与社会、员工与未来。

在房地产行业内，易居集团无疑是人才的摇篮，每年大量的员工经过历练，在各业务板块都有亮眼的表现。为了让大学生更快更好地适应行业、跟上社会的高速发展，易居集团也非常愿意与高校开展深入合作，成为高校教育的有力延伸。

未来，易居集团将会把人才平台搭建得更重、更深、更广，打造人才建设的新高地，成为整个行业和社会的助力。